知的生きかた文庫

男の禅語

平井正修

三笠書房

はじめに

「自分の人生」を生き抜くために

禅の教えに男性も女性もありませんが、私が住職を務める全生庵《ぜんしょうあん》には、日々問題解決を迫られている最前線のビジネスマン、経営者、歴代首相など、実に多くの男性が、自分なりの「答え」を求めて坐禅に通われています。

ものも情報もあふれる時代、変化のスピードは速く、さまざまな価値観の中で、周囲や世間に振り回され、下手をすれば自分を見失うことにもなりかねません。自分の気持ちを切り替え、心を調え、しかも肚《はら》をくくる必要も出てきます。

我々、禅僧は、この肚をくくることを「あきらめる」と言うことがあります。これは何も、断念する、投げやりになることではなく、「明らかにする」という意味です。

自分が置かれている状況はどうなっているのか、自分にとって本当に大切なものは何か、自分はどこに向かいたいのか――。これらを明らかにできれば、「今これをしなければならない」「こうすればいい」と自然に道が見えてくるのです。

「なんで自分だけ」とか「あの人はどうなんだろう」「つらい」などという、余計な思いから解き放たれ、行動するエネルギーもわいてくる。

よりバランスの取れたスケールの大きな人物とは、こうした経験を、迷い、悩みながらも、くり返していくことで生まれてくるのではないでしょうか。

その一つの手助けとなるのが、長いあいだ、「人としてどう生きるか」を示し続け、人々の「心の拠り所」となってきた禅語です。命がけで生きた戦国武将や幕末の志士たちも禅語にふれ、己の弱さを克服していました。

本書があえて「男の」としたのは、特に男性として、また父親、夫として、「生き方の軸」を考えさせられる禅語を選び出したからです。私が坐禅会や企業研修、講演会などでよくお話しする禅語やそれにまつわるエピソードは、きっと参考にしていただけるものがあると思います。

禅語を知ったからといって、すぐに目覚ましい成果が出るわけではありません。しかし、確実に自分の中で何かが変わりはじめ、その変化は外にも表われてきます。

一度きりの人生です。「自分らしく」堂々と生きていこうじゃありませんか。

もくじ

はじめに――「自分の人生」を生き抜くために　3

1章 迷いと覚悟――「無心になる」ということ

1　まずはなりきる。そこに「自由」がある……無　12
2　「自分を信じる」ことが、本物の自信……喝　16
3　他人の評価などに、一喜一憂する必要はない……関　20
4　心に「正常なブレーキ」を持っているか……知足　24
5　あなたは本来、何者でもない……不識　28
6　夢や理想なんて、なくてもいい……無心　32
7　考えに「隙」をつくらない……無事　36

8 型に「はまる」――無為 40
9 見返りを期待しない「潔さ」――無功徳 44

2章 孤高と絆――何を捨て、何を求めるか

10 だまされた自分に原因がある――主人公 50
11 「捨てる」ことから、はじまる――放下著 54
12 不安や不満は「妄想」が勝手に生んだもの――莫妄想 58
13 人は「一人」で生き、「一人」では生きられない――喫茶去 62
14 迷った時、「自分の足元」を見よ――看脚下 66
15 「わかった」という時ほど、危うい――雨滴声 70
16 自分の心は自分でしか研げない――吹毛剣 74
17 「心」と「心」でつなぐ本質――拈華微笑 78

3章

表と裏——見えているもの、いないもの

18 いくら考えてもわからないのであれば……——本来面目 84
19 「ありのまま」こそが真実——柳緑花紅 88
20 「大切なもの」ほど目に見えない——万法帰一 92
21 マイナスの感情を断ち切る方法——和敬清寂 96
22 ひと皮むける「一瞬のタイミング」を見誤らない——啐啄同時 100
23 地位や立場はいずれなくなるもの——無位真人 104
24 〝隠さない〟人間の強さ——体露金風 108

4章

希望と運命——人生の「流れ」について

25 どんな場所であろうと、人は成長できる——直心是道場 114

26 「あぐら」をかいてはいけない――時時勤払拭 118
27 〝比較の世界〟から抜け出る――本来無一物 122
28 真摯に努力を続けた結果が「今日」になる――日日是好日 126
29 いざという時の「平常心」――平常心是道 130
30 今やるべきことは「一つ」しかない――独坐大雄峰 134
31 他人の成功法則に振り回されない――大道透長安 138

5章 個性と度胸――「自分らしさ」とはなんだろう

32 どれだけ「心をくばれる」か――曹源一滴水 144
33 「不動の自分」と「自在な自分」を合わせ持つ――東山水上行 148
34 「我慢」を知る人間のたくましさ――松樹千年翠 152
35 礼節をわきまえる――竹有上下節 156
36 日々、「成功の花」は咲く――一花開天下春 160

37 「評価」はその人の本質を表わせない　不思善不思悪　164
38 隠したいものほど、隠せない　明歴歴露堂堂　168
39 「度胸」を決めたら思いきって飛んでみる　百尺竿頭進一歩　172
40 ハッタリでも、いずれ本物になる時が来る　滅却心頭火自涼　176
41 そのままでいい、それが自分の「個性」　不風流処也風流　180

6章 命と心――「どう生きる」のか、「どう生きない」のか

42 いかなる境遇であろうと、「主体性」を持つ　随処作主立処皆真　186
43 普段いい加減な人間は、結局いい加減　一日不作一日不食　190
44 「自分の価値観」を一度、横に置いてみる　至道無難唯嫌揀択　194
45 一見「関係のないこと」が生きてくる　行亦禅坐亦禅　198
46 自分で自分を大事にする　天上天下唯我独尊　202
47 「変化」や「刺激」が欲しくなった時　神通並妙用運水也搬柴　206

48 人の命、思いは生き続ける――水流元入海月落不離天 210
49 流れる「水のような心」でありたい――心随万境転転処実能幽 214
50 最後は「自身の心」に帰する――坐水月道場 218

編集協力――株式会社チカラ

1章 迷いと覚悟

「無心になる」ということ

1

無《む》

まずはなりきる。
そこに「自由」がある

私たちは日々、さまざまな「しがらみ」の中で生きています。時には忙しさのあまり、この状態から解放されたい、一人になりたい、何もしたくない……という思いにかられることもあるでしょう。

だからこそ、「無」のイメージが強い禅への関心が高まっているのかもしれません。

「無とは何か」

この問いは、禅の修行僧が、悟りにいたるために師から与えられる課題（公案）として、わずか一文字ながら、必ず一度は向き合わなければなりません。

この「無」に関して、中国、宋《そう》の時代に無門慧開《むもんえかい》禅師によって編纂された『無門《むもん》関《かん》』の第一則にはこう記されています。

唐の時代、一人の修行僧が趙州《じょうしゅう》禅師に尋ねます。

「狗子《くし》に還《かえ》って仏性《ぶっしょう》有りや也《ま》た無しや（犬にも仏性がありますか？）」

すると、趙州禅師はこう答えました。

「無」

ここで言う「無」は、単純に「有る」「無い」の無ではありません。

実はこの修行僧の問いは、結構いじわるな質問なのです。趙州禅師にすれば、わかっていたはずです。「無い」と答えれば、「すべてのものに仏性がある」と説いたお釈迦様に反しないか、「有る」と答えれば、じゃあどう有るのか、と問い詰められるであろうと。だから、ただの「有る」「無い」という相対的な価値を超越した、絶対的な「無」と答えたのでしょう。

◎「仕事の時」は仕事のことだけ、「遊ぶ時」は遊ぶだけ

この「無」という教えは、私たちが生きるうえで大切な示唆を与えてくれます。人にはさまざまな「顔」や「役割」があります。私なら住職であり、父であり、夫である。友人と会えば友人同士の顔を見せるし、企業で講師をする一面もある。その瞬間、瞬間に自分がしていることに、なりきれば「無」になれるのです。

鎌倉時代の華厳宗の僧・明恵上人《みょうえしょうにん》には「人は阿留辺畿夜宇和《あるべきようわ》の七文字を持つべきなり」という言葉があります。僧は僧のあるべきよう、俗は俗のあるべきよう……と続き、それぞれの「あるべき」にそむくから悪くなっていく、と説いています。

とはいえ私たちは、「人のあるべきよう」「男のあるべきよう」「父のあるべきよ

う」に、なかなかなりきれないものです。

たとえば、私が住職の顔のままで自分の子どもと接すると、きっと「お父さんどうしたの?」と言われるでしょう。同じように部長だからといって、家で「俺は部長だぞ」と偉そうにしても、家族からは「バカじゃないの?」とあしらわれるだけです。

仕事の時は仕事だけ、掃除をする時は掃除だけ、遊びに行ったら遊ぶだけでいいのです。

その時の役になりきれないから、遊んでいる時に、「あの案件はどうしよう」と仕事が脳裏にチラついたり、仕事をしながら「天気がいいから遊びに行きたいな」と考えたりする。

そうすると、「なんでこんなことをしないといけないんだろう……」「どうして私ばかりが?」などという思いが出てくる。「やらされている自分」や「面倒に思う自分」を勝手につくり出して苦しみを生んでいるのです。**自分をなくし、役になりきれば、「なぜ自分が」と悩むこともなくなる**のに。

そもそも「自分」というものは「無」である。そう思えると、どんな状況であっても、自由でいられるのです。

2

喝《かつ》

「自分を信じる」ことが、
本物の自信

言葉に重みがある人、ない人。たとえ同じことを言ったとしても、相手への伝わり方はまったく異なってきます。

その違いは何か――。

端的に言うなら、本人に迷いがあるかないかです。自分なりの信念を持っていれば、わずかひと言でも、その時必要なメッセージが込められ、相手はしっかりと受け取ることができる。

唐代の臨済宗《りんざいしゅう》の宗祖・臨済禅師は、「喝」のひと言をよく用いて修行僧を指導し、悟りへ導いたと言います。弟子のどんな問いにも「喝（カァーッ）！」と、大きな声で応じる。

しかし、この「喝」そのものには意味はありません。

この臨済禅師の言行録『臨済録』の中に「臨済の四喝《しかつ》」という有名な話があります。

一、ある時の一喝は金剛王《こんごうおう》の宝剣《ほうけん》の如《ごと》く（迷いや妄想を断ち切る一喝）

二、ある時の一喝は踞地《こじ》金毛《きんもう》の獅子《しし》の如く（周囲を圧倒する一喝）

三、ある時の一喝は探竿影草《たんかんようぞう》の如く（相手の力量を探る一喝）

四、ある時の一喝は一喝の用《ゆう》を作《な》さず（思慮を働かせない悟りの境地の一喝）

たとえ「悟りってなんですか」と聞かれても、言葉では表現できません。長々と説明したとしても、そこに中身がなければ、相手はその言葉の表面の意味について考えてしまうものです。だから、説明できないところや悟りの境地を、意味のない「喝」という言葉で表わしたのでしょう。

ちなみに臨済宗の葬儀では、死者を安心へと導くために法語を唱える「引導《いんどう》」という作法がありますが、その最後に「喝」と大声を出します。

「成功」体験の怖さ

現代でも禅の修行中に「喝」が使われることはありますが、師によって指導方法はさまざま。実は「こういう時に『喝』と言う」というようなマニュアルはないのです。人と人が相対するわけですから、同じことを教える時でも、師によって三者三様で口調も変わるし、伝え方も変わります。これは私たちの日常でも同じで、「こう伝えるのがベスト」というものはありません。

大切なのは発信する人間が迷わないこと。迷いが生じた瞬間、何も伝わらなくなるからです。人はつい「なんでこんなこと、言ったのだろう?」「あの時私は正しかっただろうか?」と考えてしまうものですが、その「?」が問題です。いったん「?」マークが頭の中につくと、思考が「?」にとらわれてしまいます。

だから、「自信」を持って行なうことです。この**自信とは、「自分を信じる」という意味。**特に組織のトップは、組織全員が無理だと思っても、前に進んでいくだけの自信がないといけません。言葉に重みがなくなるし、思いや考えも伝わらなくなります。

そうした「本物の自信」を持つには、単に経験を積めばいいというわけではありません。ただ場数を踏んだだけなら、その経験はあまり役に立たないかもしれない。

「成功体験は早く忘れたほうがいい」ということを聞きます。一回成功すると、どうしてもまた同じパターンにはめたくなるものです。しかし、同じ状況は二度とあり得ない。かえって「経験」が邪魔をしてしまい、迷いを生じさせることさえあるのです。

大切なのは、物事にどう向き合ったのか、ということ。逃げ腰だったり、手抜きをしたりせず、きちんと正面から向き合った経験であれば、その人の血肉となっていきます。そうした経験を積んだ人間は、おのずと自分を信じることができるようになるのです。

3

関《かん》

他人の評価などに、
一喜一憂する必要はない

人生、誰しも壁にぶち当たる時がやってきます。もしかしたら、生きること自体に行き詰まることさえあるかもしれない。そんな時、どうやって難関を乗り越えるか。

「突破するにはこの道しかない！」と思ったら、その道に立ちふさがる壁をドンドン叩いて割り進むのも一つの方法でしょう。「こちらの道がダメなら、別の道から行ってみよう」と進路を変え、どうにか関門を越えるのも手です。

禅に「雲門《うんもん》の関」という公案があります。

夏期九〇日間の修行（夏《げ》安居《あんご》や夏行《げぎょう》ともいう）が終わって禅僧翠巌令参《すいがんれいさん》が、

「私は説くべきことではない悟りのことを、いろいろな人に説いてきた。仏罰が当たって眉毛が抜け落ちたのではないだろうか。どうです、残っていますか」

と尋ねたところ、保福従展《ほふくじゅうてん》禅師は、

「盗みごとをしたから落ち着かないんだろう」

と言い、長慶慧稜《ちょうけいえりょう》禅師は、

「眉毛は落ちるどころか、大いに生えている」

と応じた。

そして、最後に雲門禅師はひと言、「関」と言った。

この雲門の「ここは通さぬ」という言葉は三人の前に立ちふさがり、その後、この公案の真理を体得するため多くの僧が苦しい修行を積み重ねることになったそうです。

禅の修行には、前に述べたように公案という関門があります。「禅とは、何もないこと」と言っておきながら、一つずつ区切りをつけているのです。公案は体系立てて膨大にあり、一つ終われば次の問いに挑むことになります。

修行僧にとって、それが一つひとつ進んでいくのはうれしいもの。「これでどうでしょう」と老師に答えを述べ、「よし、次」と言われると、「ちょっとだけステップアップしたかな」と思えます。一つわかったからといって何か位が上がるわけではないのですが、「ここまで来たか」と喜びを感じ、さらなる修行の励みにもなるのです。

「ケロッ」としていられる力

この関門は、日本の伝統文化で言ったら「〇代目」の襲名や、学術の世界で言えば、ノーベル賞や文学賞にもたとえられます。名や勲章、賞をもらったところで、技術や作品が評価されただけであって、人柄、人品が素晴らしいと言われたわけではありりません。「名誉」で人の本質的な価値が変わることはないので、ただの「ひと区切り」にすぎないのです。

それでも、多くの人は自分なりの関門を設け、それを目指します。突破しては達成度を感じ、うまくいかなければ挫折感を味わい、しかも、よくも悪くもまわりの目を気にしてしまいます。また、いつの間にか肩書きにこだわり、他人からの評価に左右され、自分自身を尊大に思ったり、一方で、卑下したり、誰も認めてくれないとふてくされる。

いつから、私たちの心はこんなに頑《かたく》なになったのでしょう。そもそも「関」は方便であって、実際には「無」です。子どもの心は無、空っぽだから、何回も同じことをして、何回も怒られて泣いても、泣き終わった瞬間にはケロッとして忘れている。

ところが、大人になると、なかなか空っぽになれません。いつからか「心が折れそうだ」「めげた」と言うようになる。体も心もどんどん硬くなってくる。だから心にも〝ストレッチ〟は欠かせません。

人がなんと言おうと、自分自身の価値が変わるわけではない。他人の評価に一喜一憂することなど、あなたの大切な人生で意味のないことなのです。

4

知《ち》足《そく》

心に「正常なブレーキ」を持っているか

私たちには「もっと、もっと」と上を目指し、多くを求める心、欲があります。そのこと自体は決して悪いものではありません。

求める心を原動力にすれば、自分自身を高めることにもつながります。「悟りを得たい」という気持ちも欲。欲がないと人間は何もできません。

ただ、求める気持ちには際限がありません。三毒と言われる「貪《とん》（欲）・瞋《じん》（怒り）・癡《ち》（無知）」にもあるように、欲を満たすことに躍起になると道を誤る原因にもなるのです。その欲を戒めるのが、「足ることを知る」という教えです。

『遺教経《ゆいきょうぎょう》』の中には「八大人覚《はちだいにんがく》」と言われる、修行者が守らなければならない八つの徳目があり、「知足」はその一つ。ちなみに八大人覚は次の通りです。

・少欲《しょうよく》（欲を少なくする）
・知足（足ることを知る）
・寂静《じゃくじょう》（寂静を願う）
・精進《しょうじん》（精進する）
・守正念《しゅしょうねん》（正道を念ずる）
・修禅定《しゅぜんじょう》（心を乱さない）

・修智慧《しゅちえ》（智慧を修める）
・不戯論《ふけろん》（無益な論争はしない）

◯自分自身を剪定する

たとえば、「このへんで十分じゃないか」と言うと、

「現状維持がよいんですか」

「無気力でいいんですか」

「夢を持つことはいけないことですか」

と反論する人がいます。そうではありません。これらは、「知足」という言葉の表面だけをとらえているにすぎないのです。

では、知足の真意とはどういうことなのか。

心を木にたとえてみましょう。木は、自由に、枝葉が伸び放題で育ったほうが必ずしもよいわけではありません。定期的に剪定《せんてい》をすることで、強く、しなやかな木に育ち、いずれ大きな実をつけるようになります。

木のように、私たちも自分自身の欲を剪定して足ることを知る。**一度自分を見つめ直すことが、いずれ大きく育つために必要**なことなのです。

もっとわかりやすく、車のアクセルとブレーキでたとえてみます。

アクセルは踏めば踏むほどにスピードが出る、どこまでも速く走れるレーシングカーがあったとしたら、そのとんでもないスピードを止める強力なブレーキがなければ、どこへ暴走するのかわからず、危なくて乗れたものではありません。どんなに性能がよい車でもブレーキがないと、うまく乗りこなせず、車の性能だって生かせないのです。

だから、**たまには「十分」ということを知らなければならない。**もしかして、ブレーキのない暴走車になってはいないでしょうか。

今に満足し、自分自身を戒めていくことは、目の前の幸せに気づき、その幸せに感謝することにつながります。

知足とはすなわち、「自分らしい実りある人生」を送るための豊かな智慧にほかならないのです。

5

不《ふ》識《しき》

あなたは本来、何者でもない

「あなたは何者ですか？」

もしこう問われたら、なんと答えるでしょうか。まずは名前を言い、勤めている会社名や肩書き、仕事内容などを答えるかもしれません。しかし、**そんな名称や肩書きは一時のもの、あなたの外形、表面にすぎないはず**です。あなたそのものではない。

名前ですら、ただの刷り込みです。それが証拠に、生まれたばかりの赤ちゃんに名前を呼んでも返事をしないのは、「自分のことを呼んでいる」と思っていないからです。毎日毎日名前を呼ばれ続けて、ある時に呼ばれたほうを向いてみると、みんなが喜んでくれる。そこから「自分は○○なんだな」という名前の認識がはじまります。名前すら、その人がどういう人かを示すものではないのです。

「自分はいったい何者なのか？」

自分自身が一番わかっていそうなはずなのに、答えられない。この不可思議な問いについて、禅の宗祖・達磨《だるま》大師の有名な問答があります。

達磨大師は五二六年（諸説あり）にインドから現在の中国・広州にあった梁《りょう》に渡来したと言われています。その国の皇帝・武帝《ぶてい》は「仏心王子」と言われたほど仏教に造《ぞう》詣《けい》が深く、多くの寺院を建てて、僧をあつく供養していました。その武帝が達磨大師に問うた話です。

「如何《いか》なるか是《こ》れ聖諦第一義《しょうたいだいいちぎ》（仏法の本質は何か）」

と達磨大師に聞くと、

「廓然無聖《かくねんむしょう》（空のように晴れやかで、一切の迷いも煩悩もない、悟りすらもない空っぽの状態だ）」

と答える。よくわからなかったので、

「あなたは何者ですか、聖者ではありませんか」

と尋ねたところ、こう答えた。

「不識（知らん）」

なんともとぼけた答えのように思えます。実際、あなたなら何を言うでしょうか。

自分の「何」に気づくか

人はある程度の年齢になると、「自分」というものをつくるようになります。

「こんな環境で育った人間です」

「こんな性格の人間です」

そう思い込んでいますが、これほどあやふやなことはありません。仮に他人に、あなたがどういう人だと思うか尋ねてみるといいでしょう。きっと想像とはかなり違った答えが返ってきます。どちらも本当の自分かもしれないし、偽物かもしれない。

世の中のありとあらゆることもそうでしょう。たとえば、医者は体のことを専門にしていますが、全部をわかっているわけではない。研究者や会社の社長など、その道のプロでも突き詰めていくと、「不識」になってしまうのです。

そう考えると「あなたは何者か」という問いに、「知らん」と答えるのは正直なあり方だと言えます。知っている、知らないという二元対立ではありません。**自分だと思っているものは、他人から見れば自分ではない。**そういう、究極にはわからない、何もないのが「不識」という言葉で表わされているのです。

私たちは日々、一方的な価値観で、「私は責任感があると思われているから」「自分は物わかりがいい人間なんだから」といろいろな理由をつけて暮らしています。本来は、「何者」でもないのに。そんな**思い込みを一度取っ払って、「何もない」という自分に気づくことが、本来の自分を認める第一歩になる**のではないでしょうか。

6

無《む》心《しん》

夢や理想なんて、
なくてもいい

「あなたの夢は？」「理想は？」

こう問われた時、なんと答えますか。

ペラペラと口をついて出るようでは軽いし、口ごもるようでは面白くない人生のように思えてしまう。

誰の心の奥底にも、たとえ形になってはいなくても、夢や理想はあるものであって、多くの人が現実とのギャップに悩みや苦しみを感じるのでしょう。

ここで考えたいのは、そもそものイメージとはしょせん「絵に描いた餅」だということです。できあがった餅が、まったく同じ形になることのほうが奇跡。大きな丸い餅をつくろうと思っても、小さくなったり、いびつになったりは当たり前のことです。

しかし、人はなかなかそのギャップを受け入れられません。どうしても、**頭の中で最初につくったきれいなイメージを固定化してしまう**からです。

そのイメージは自分で勝手につくり上げたもの。夢や理想なんて、あったらあったでいいけど、別になきゃないでいい。

とにかく本来の形（現実）とは別物だということを心に刻んでおかないと、いつまでも心の平穏は得られません。

○「何も考えない」ということ

禅では、心を調えるために徹底的に坐禅を行ないます。

「住職は、坐禅中は〝無心〟なんですか？　本当に何も考えてないんですか？」

と聞かれることがありますが、人間、何も考えない状態がはたしてあるのかどうか。

いまだに私が体験していないだけかもしれませんが、ただ、私は禅の「無心」について、「何も考えない」「心をなくす」のではなく、「一心」であることだととらえています。二心がない状態です。

一つのことにわき目もふらず没頭している時、人は一心であり無心になれるのです。坐禅をするなら坐禅に、お経を読む時はお経を読むことに一心＝無心になる。

江戸時代初期に沢庵《たくあん》禅師が著した『不動智神妙録《ふどうちしんみょうろく》』の中に、こんな一節があります。

「無心の心と申すは、本心と同じ事にて、固《もと》より定まりたる事なく、分別も思案も何も無き時の心……」

無心は自由で固まらない心であるとも言えます。水のようなものです。

「水は方円《ほうえん》の器に随《したが》う（水は容器の形によって、四角や丸と自由自在にその形を変えますが、水自体が何か変わるわけではない）」

という言葉がありますが、まさに心は自由自在であっていいのです。

うまくいかなくなると、「この先どうしたらいいのか」などと不安に襲われることがあるでしょう。しかし、先を見るから絶望するのであって、現在しか見ていないのであれば絶望することはないはずです。

人間というものは、つい頭でっかちになりがちですが、実際に生きているのは、体のほう。もうダメだと言っても、胃や腸はあきらめていません。人間の肉体は、絶対に音《ね》を上げたりしない。あなたがどれだけ落ち込んでいようが、ごはんを食べたら、ちゃんと消化してくれるでしょう。

「絶望」とは自分の頭でつくり出した、ただのイメージです。自ら不安をつくり出して振り回されている状態にすぎない。人はもっともっと自由な発想でいいのです。

何かあったら、目の前のことに没頭して一心になってみる。あんなにあなたを煩わせていた苦しみが、ふと消えていることに気づくでしょう。

7

無《ぶ》事《じ》

考えに「隙」をつくらない

人間というのは不思議なもので、忙しい時ほど気持ちが充実して、かえって時間ができるとロクなことがない。これは余計なことを考えはじめるからでしょう。

特に男は余裕ができると、だいたいよくないことをしはじめる。それは時間の余裕も、心の余裕も、お金の余裕もそう。隙間に〝よからぬこと〟が入ってくるのです。

そのため、禅宗の修行道場に行くと、とにかく最初のうちは、いろいろなことを「速くしなさい」と言われます。

もちろん「雑にやっていい」ということではなく、できるだけ速くすることで、頭に余計なことを考える隙間をつくらないようにするための修行です。

禅の「無事」は、一般的な「悪いことがない」という意味ではなく、考えに隙がないということ。『臨済録』に、

「無事是れ貴人《きにん》」

という有名な言葉があります。また、臨済禅師は、

「屙屎《あし》送尿《そうにょう》、著衣喫飯《ちゃくえきっぱん》、困《つか》れ来たれば即《すなわ》ち臥《ふ》す」

とも言っています。

「屙屎送尿」は大小便のことで、「著衣喫飯」は、着ること、食べること。疲れたら

横になって寝る。これだけでいい、と言っています。

たしかにこれがきちんとできれば、それだけでいいのかもしれません。ところが私たちはそれだけのことすら集中してできない。

こうした無欲の境地にいたった人こそが、本当に物事がわかっている人なのでしょう。

◎「欲」を持つために「無欲」になる!?

禅宗の住職ともなれば、「無欲なんだろう」と思われがちですが、そんなことはありません。「住職は何も求めないんですか」と聞かれたら、「そんなことはありません」と答えています。

お金だってあったらあったただけいい。ただ、それを自分で自由に使えるだけの器量がないと、かえって害になります。先述のように、余裕はよくないことを引き起こしやすい。

だから禅は無欲を説いているのです。これは、すでにお話しした「知足」(24ページ参照）や「無心」（32ページ参照）にも通じます。

「足ることを知る」と言ったら「夢を持たないほうがいい」、「無心、無欲」と言ったら「お金に興味がないのだ」と、どうしても対立観念として受け取ってしまいますが、実はすべてのものはつながって一つなのかもしれません。

たとえば手も、握ったり開いたりの両方があるので手の役割をはたします。心もそうです。愛が表だったら、その裏に必ず憎しみがあります。別々の感情ではなく、表裏一体の感情なのです。

だからこそ、欲を適正にコントロールするために、無欲、知足や無心という心持ちを大事にするのが禅の考えです。

これを「無事」にあてはめて考えれば、**自らに考える隙を与えなければ、それが反対に、本当の余裕につながる**のかもしれません。きっと二つは表裏一体なのでしょう。私自身、まだその境地にはいたらず修行の日々ですが。

8

無《む》為《い》

型に「はまる」

人はなぜ、つい余計な行動をしたり、うっかり余計なひと言を口にしたりして、後悔するのでしょうか。

「ニンベンに為す」と書くとニセ（偽）になります。人がやることはすべて偽物の行為なのかもしれません。「無為」という禅語があるくらいです。ただし、この「無為」は「何もしない」という意味ではありません。

ありのままを重んじ、あえて余計なことをしないということです。

禅宗の修行道場にヒントがあります。入門すると驚くのですが、この道場ほど不自由なところはありません。さまざまな「型」が決まっています。箸《はし》の上げ下ろしにはじまって、立ち方、坐り方、衣の着方、しぐさや視線まで、細かく指導される。

ところが、その型を一度きちんと修得すると、「これが一番理にかなっていたんだな」と気づくようになります。だからこそ、柔道や剣道といった武道、あるいはスポーツ、さまざまな仕事……どんなものにも基本の型があるのでしょう。

一つの型を体得し、その型を自分で使いこなせるようになってはじめて、余計なことはしないという「無為」の境地とはどういうことかがわかるのです。

ただ、ありのままと言われても、よくわからない。どうすれば余計なことをせずに自然にふるまえるのか。

◯生き方にも「型」がある

今の世の中は学ぶ機会には恵まれていますが、もっとも欠けているのは「生きる」型を学ぶことではないでしょうか。

たとえばこんな話があります。私が住職を務める全生庵を創建した、幕末の政治家・山岡鉄舟《やまおかてっしゅう》先生に、ある時、弟子が言いました。

「先生の言う神仏の罰なんていうものは当たりませんね」

「どういうことだ？」

「いえ、先生のお宅へ来る前に、神社の鳥居に立ち小便をしたんですけどね、罰なんか当たりませんよ」

先生はさめざめと応じました。

「お前にはすでに罰が当たっているのに、それがわからないか」

「なんですか？」

「せっかく人間に生まれていながら、犬猫と同じマネをして。わざわざ自分で自分を貶《おとし》めているのがわからんか」

昔の人は「どう生きるか」が著《あらわ》された『論語』などを読み、学んでいました。悩んだ時に立ち返るところがあった。今、私たちは「人としてどう生きるか」ということになると、途端に行き詰まってしまいます。学校では生きる価値を教えず、算数や英語など技術的なことばかりを勉強するので、生きることに詰まってしまうのですね。

そして、学校の勉強ができなかったら、落ちこぼれ扱いでしょう。人間の本質的価値を数字で計れないから、知識やテクニカルな部分でその人の価値を採点せざるを得ません。そうした表面的な判断を全否定するつもりはありませんが、それだけでは、行き詰まった時に立ち返るところがなくなります。挙げ句、生きづらさを周囲に八つ当たりしたような凄惨な事件が起こってしまう。それが現状ではないでしょうか。

だからこそ、「人間として生きていくのはこういうことなんだな」ということを学んでいかなければと感じています。

いったん「生き方」という型を学んだうえで、自分が何をなし、どういう人生を送るのかを考えると、「無為」の価値がしみじみとわかるのだと思います。

9

無《む》功《く》徳《どく》

見返りを期待しない「潔さ」

私たちは、**してもらったことはすぐに忘れる**のですが、**してあげたことはよく覚えている**もの。たとえば、

「誰のおかげで大きくなったと思っているんだ！」

と親が言えば、子どもは、

「別に育ててくれと頼んだ覚えはない」

と答える。親だって、子どもを育てるのは大変なことだけでなく、楽しかったこともあったはずなのに、それを忘れて恩着せがましくなってしまうのですね。

職場でもあるかもしれません。仕事を手伝ったり、アドバイスをしたりしたあとに報告がないと、「結果はどうなったのだろう」「うまくいったのかな」とやきもきして、挙げ句に「恩知らずなやつだな」と思ってしまう。

はじめは見返りを期待していたわけではないのに、「手伝ってあげた」「アドバイスをしてあげた」と恩着せがましくなり、「礼の一つもないのか」となる。そもそも、自分が「したくてやったこと」なのに。

仏教の保護に熱心だった梁の国の皇帝・武帝は、達磨大師を招いてこう尋ねたといいます。

「私はこうやって仏教を信仰し勉強をして、即位以来、寺を建てたり仏像をつくったり、経典を写したりと数え切れないほどのことをしてきました。これはどんな功徳があるのでしょうか」

達磨大師は答えました。

「無功徳（なんの功徳もありません）」

「私はこれだけ尽力してきたのに、どうして功徳がないのでしょう」

そう問い返した武帝に大師は答えます。

「あれもした、これもしたと自負したり、恩に着せたり、ほめられることを期待しているのでは、なんにもならないのです」

なるほど、たしかに善行というものは、「よいことをしているんだ」と自分で意識しているうちは、見返りを求める欲から逃れられないものです。欲を捨て、無心でやってこそ本当の善行です。もちろん、口で言うのは簡単ですが、いざ行動となると、これがなかなか難しい。

○努力は「報われる」はず？

また、「こんなに努力したんだから、うまくいって当然」といくら思ったとしても、すぐに結果に表われるとは限らない。そうなると、報われないことに不満を持つようになる。

「したことは報われるはずだ」と考えているから、苦しみがはじまるのです。

恋愛だってそうでしょう。人を好きになると楽しいし、人生が明るくなる。ただそれだけでもいいはずなのに、「自分と同じように好きになってほしい」と思うと苦しみが生まれます。「自分はこれだけ尽くしているのに」と見返りを求めたら、相手からすれば「あなたが勝手にしたことでしょう」と思われるのがオチです。

「お礼を言ってくれない」「感謝されない」「応えてもらえない」という思いを背負って生きるのをやめて、相手に期待しないでいけたらどんなにかラクでしょう。

見返りを求める心から解放され、**「自分がしたことは、やっただけで終わり」となるのなら、余分な負担がなくなり、常に心を軽くして生きられる**に違いありません。

2章

孤高と絆

何を捨て、何を求めるか

10

主人公《しゅじんこう》

だまされた自分に原因がある

修行時代によく老師から言われた、印象的な言葉があります。

「お前たちは坐禅をしたら、疲れた、疲れたと言うけれど、胃や腸は疲れたと言うのか。心臓が『疲れたから、ちょっと休もう』と言うのか。お前たちの体は一所懸命、三六五日、一時も休まずに頑張っているのに、お前たちが頭の中だけで勝手に判断して、疲れた、つらい、苦しい、寒い、痛いなどと言っているのではないのか」

そして、「『主人公』をしっかりとつかまえなさい」と言うのです。つらい、苦しいという気持ちが出てくるより前の、本当の自分自身をしっかりとつかまえなさい、と。

『無門関』には、この主人公について書かれた有名な話があります。

瑞巌彦和尚《ずいがんげんおしょう》、毎日自ら「主人公」と喚《よ》び、復《ま》た自ら応諾《おうだく》す。乃《すなわ》ち云《いわ》く、「惺惺着《せいせいじゃく》。喏《だく》。他時異日《たじいじつ》、人の瞞《まん》を受くること莫《なか》れ。喏喏」。

瑞巌寺の彦和尚は、毎日自分自身に向かって「主人公」と呼びかけ、自分で「ハイ」と返事をしていました。「はっきりと目を覚ましているか」「ハイ」「これから先も人にだまされてはいけない」「ハイ、ハイ」と、毎日ひとり言を言っておられたそうです。「人にだまされてはいけない」とありますが、この「人」は単なる他人という意味ではありません。ではどういうことでしょうか。

たとえば、金融関係の人から「いい話があるんですよ」と言われたとします。「この株が今買いですよ、投資をしませんか。絶対に儲かりますから」

世の中そんな、うまい話があるわけがない。それなのに、話に乗って万が一、大損を出してしまったら、「だまされた！」と思ってしまうかもしれない。しかし、そもそも、本人にうまく儲けようという気持ちがあったから、そう思うのです。「だまされた」「こんなはずではなかったのに」と後悔することになるのです。

「自分の感情」にだまされる!?

もう一つ。身近に、とても素敵な女性がいたとしましょう。しかも、自分にだけは笑顔も言葉もいっそう優しくて、「もしかして僕のことが好きなのか？」という思わせぶりな態度。おつきあいできるのではないかと食事をご馳走して、一所懸命プレゼントをして、いざ本格的に交際を申し込んだところ、「そんなつもりは一切なかった」と言われたとしたら……。「あの態度にだまされた！　貢《みつ》がされた！」と思ってしまうものです。

もちろん、人をだますのはよくないことです。しかし、だまされる側にもそれだけの理由がある。下心がまったくなかったかと聞かれると、まったくないとは言い切れない。「あいつにだまされた！」と口では言っても、実のところは「オイシイ思いをしよう」と思った自分自身にだまされているのです。

自分がしっかりしていれば、自身の感情にだまされることはありません。冒頭の坐禅の話もしかり。**苦しみや悲しみなどの感情は、私たちが勝手に言っているだけ**のこと。**「つらい、悲しい」と思い込んでいるだけ**なのです。

主人公、つまり本当の自分自身・真実の自分に目覚め、意識することができれば、苦しみは生まれないはずです。自分の感情に左右されて、「こんなはずではない」と疑心暗鬼になり、心が雲に覆われてしまうこともない。

究極のところ、本当の自分自身とは何かを突き詰めて考えると、これまでもふれたように「無」に行き着きます。いったん何もない「無」であるところの主人公を体得すると、本来はない苦しみと離別できるのです。

その時はじめて私たちは、「人生の主人公」になれるのかもしれません。

11

放下著《ほうげじゃく》

「捨てる」ことから、
はじまる

最近、ものを持たない生き方を求める風潮があります。

まさに禅はそうした生き方を追求しますが、究極のありようを表わすような禅語が「放下著」です。

中国、唐の時代、厳陽《ごんよう》尊者が趙州禅師に尋ねました。

「一物不将来《いちもつふしょうらい》の時、如何《いかん》（何もかも捨て去って何一つ持っていませんが、そんな時はどうしたらよいでしょうか）」

趙州禅師は答えます。

「放下著（捨ててしまいなさい）」

「放下」とは投げ捨てる、放り出すという意味で、「著」は命令を表わす助辞です。

そして、厳陽尊者が「すでに何もないので、捨てろと言われても捨てるものがありません」と反論すると、趙州禅師はこう伝えたそうです。

「恁麼《いんも》ならば則《すなわ》ち担取《たんしゅ》し去れ（それならば、何一つ持っていないこともかついで行きなさい）」

禅師は「全部捨てたと言っているうちは、何も持っていないと思う心がまだ残っているだろう」と、おろかな物事へのこだわりを戒めたのです。

山岡鉄舟先生は、

「公案とは、石鹼のようなものだ」

と言いました。汚れている手や心を公案という石鹼で洗い、最後は手をすすぎ、石鹼もきれいに洗い流さないといけない。何にも執着を持たず、一切をさっぱりと捨て去ること、無一物に徹すること。しかしそれは至難の業《わざ》です。

だから、「すべて手放しました」と言って、〝悟り臭さ〟のようなものが残っているうちは、まだまだなのですね。何も言わずとも、なぜかその人と一緒にいると、まわりの人間がよき感化を受けていく。そんな人が本物なのでしょう。

「もの」と一緒に「思い」も捨てていく

ところで、私が見るところ、男性に比べて、女性のほうが捨てるのが上手なようです。失恋をきっかけに、髪をばっさり切る人。あるいは、恋人と別れたら、もらったプレゼントや一緒に撮った写真を全部きれいに捨てる人。女性はそうした傾向が強いように思います。そういう潔い人から見ると、恋人や夫の部屋から前の彼女の写真や思い出の品が出てくると、もう許せません。

「なんで、こんなものを持っているの？　取っておくの？」

と、問い詰められます。男性にしてみれば、ほかのものと一緒くたになっていただけ。別にわざわざ取り出して眺めるわけもない。

「なんで持っているの？」と聞かれても、特に理由はないのです。私にも経験があり、答えに困ったものですが……。

ただ、この「ものと一緒に思いも捨ててしまう」というのは、なかなか効果的な方法です。片づけや整理整頓も、まずは捨てなければ進みません。

ものに込められた〝物語〟のことを考えると、捨てるのを迷ってしまうかもしれません。でもだからこそ、その執着を断ち切って潔く捨てることができれば、それらにまつわる思いも捨てられる。それが必要だと思っていた自分、ものがあることで満足した気になっている自分も捨てられるのです。

まずは目に見えるものを捨てることから、はじめてみればいい。いつの間にか、まとわりついてしまった見えない執着心までサッパリ捨てられるようになって、そこからまた、新しいストーリーがはじまるのです。

12

莫妄想《まくもうぞう》

妄想《もうぞう》すること莫《なか》れ

不安や不満は「妄想」が勝手に生んだもの

「心は鏡のようなものです」

坐禅にいらした方などにお話をする時、私はよく心を鏡にたとえます。鏡はただ、目の前にあるものを映すだけ。汚いものを映したからといって鏡自体が汚くなるわけではないし、きれいなものを映したからといって鏡がきれいになるわけではありません。

私たちの心も、本来、あるがままを映しています。映ったものだけを見てみれば、それが現実だと気づくことができるのに、私たちは勝手に妄想して不安や不満、悩みをつくり出しているのです。

中国・唐の無業《むごう》禅師は一生涯、誰が何を尋ねても、

「莫妄想（妄想すること莫れ）」

と答えたといいます。「妄」とは、みだり、でたらめ、いつわりですから、「妄想」（禅では「もうぞう」と読みます）は邪念、迷心に通じるからです。

特に物事がうまくいかなくなるほど、妄想はさらに私たちに悪い影響を及ぼします。目の前の現実とのズレをどんどん受け入れられなくなってしまう。

そうなってしまうのは、自分が意識しないどこかで、事実を見たくない、聞きたく

ないという思いがあるからでしょう。

「捨て去る」のか「抱える」のか

たとえば、何かの新規案件に念入りに準備して臨んだのに、思うような成果を得られなかったとします。

「おかしいな。結構いいことを考えたのにな」

「タイミングが悪かったのだろう」

「知らないところで、何か邪魔が入ったのか」……

頑張っただけになかなか現実を受け入れられず、あれこれ思ってしまうかもしれません。しかし、**事実は事実。**

「そうか」

というだけのことなのです。ただ、その事実を認める。ただそれだけ。

「心に傷を負う」という表現がありますが、姿形のない心には本来、傷のつきようがないはずです。しかし、人は目の前のことに一喜一憂してしまう。妄想が消せないのが人間の悪癖だとも言えます。では、どうすればいいのか。

前の項の「放下著」のところで、趙州禅師の、

「恁麼ならば則ち担取し去れ（それならば、何一つ持っていないこともかついで行きなさい）」

という言葉が出てきました。放下著の公案は、「放下著（捨ててしまいなさい）」という言葉がメインなのですが、私はそのあとに出てくるこの「恁麼ならば則ち担取し去れ」という言葉に強く惹《ひ》かれる。

どんなに年齢を重ねても、経験を積んでも、私たちは不安、不満、悩みを持ち、なかなか解決できません。それらは自分の妄想がつくり出したものなのですが、負の感情を一〇〇パーセント捨てきるのは難しい。

となれば、常に抱えていくしかないのです。本来は形のないはずの心が受け取った傷や喜びも、抱えていく覚悟を決めるのです。

普通は、抱えていくか抱えていかないかで、グルグル悩んでしまいます。だから「えい、や！」と全部抱えていく覚悟を決めればいい。それが、迷いを捨てる現実的な近道なのかもしれません。

13

喫茶去《きつさこ》

人は「一人」で生き、
「一人」では生きられない

己を律するため、孤独で厳しい修行が求められる禅の世界ですが、人と人とのふれあいについて教えた禅語があります。

趙州禅師が僧に、

「あなたはこれまでここに来たことがありますか」

と尋ね、僧が「あります」と答えたところ、趙州禅師は、

「喫茶去（まあ、お茶でも飲んでいきなさい）」

と言いました。ほかの僧にも同じことを尋ね、その僧が「ありません」と答えたところ、やはり同じく、

「喫茶去」

と言う。そこで院主《いんじゅ》から、

「どうして誰にでも『喫茶去』と言うのですか」

と聞かれると、それには答えずに「院主さん」と呼びかけ、「はい」と答えた院主に

「喫茶去」

と言った。

何を聞かれても答えは同じという、謎かけのような公案です。

私たちは、何につけても納得のいく理由を探そうとしがちですが、考えはじめると、ますますわからなくなってしまう。すべてわかろうとするのは、ある意味、傲慢なのかもしれません。

世の中には、「わからないなら、わからないでいい」というものがあるのです。この「喫茶去」の公案にしても、ただ「お茶を飲んでいきなさいよ」と言うだけ。そのまま受け取ればいいのです。

◎「仲よくすること」が〝和合〟ではない

お寺に行くと、必ずと言っていいほど、

「まあまあ、上がってお茶でも飲んでいってください」

という言葉をかけられます。私の寺でもそうです。子どもの時からここで生活していて、知らないうちに身についていました。

禅宗のお寺では、何かをする時には茶礼《されい》がつきものです。坐禅会や、写経のあとにも参加者のみなさんでお茶をいただきます。お茶を飲むということは、一つの釜でわかしたお湯を、みなで分かち合う「和合」の精神を表わしています。

坐禅や写経のような一人でする修行を重視する一方で、みなでお茶を飲むこともある。禅は一人ひとりに「自立」することを求めますが、いくら自立しても、人間は一人では生きていけません。そこで「和合」が必要なのです。

自立と和合は正反対のように思えますが、「一人で生きていくこと」と「一人では生きられないこと」の両方を認識していないと、人間らしく生きていくことにはなりません。

とはいえ、単に仲よくすることが和合ではありません。なれ合いでなく、己を持った自立した人間同士のつながりです。

ですから、**目的に向かってみんなで力を合わせて遂行することも和合、互いに切磋琢磨していくことも和合**なのです。ちなみに、精進料理の「和え物」も和合を料理で表現したものです。

自立はしないといけない。でも、人間は一人では生きていけないのですから、「喫茶去」は、人と人とのふれあいの温かさを伝える言葉に思えます。

14

看脚下《かんきやつか》

迷った時、
「自分の足元」を見よ

進もう進もうと気持ちが先走るあまり、かえってどうしていいかわからなくなる。

そうした時に鋭い示唆を与えてくれる禅語が、「看脚下」です。禅宗の寺の玄関によく掲げられていますが、こんな公案に由来します。

ある夜、法演《ほうえん》禅師と弟子たちが帰っていると、手にしていた灯火が消えてしまいました。そこで法演禅師が、

「さあ、それぞれの見解を述べよ」

と言うと、最後に圜悟克勤《えんごこくごん》禅師が、

「看脚下（足元を見よ）」

と述べた。

私の寺にもこの禅語を書いて貼っています。玄関にあると、「靴を揃えなさい」との意味にとらえられることもありますが、本来は「自分の足元をきちんと見なさい」という意味です。

たとえば、寺にはよくこんな電話がかかってきます。

「すみません、そちらに伺いたいんですけれど、どうやって行ったらいいですか？」

気が急《せ》いているのでしょう。この時、多くの人が自分が今どこにいるのか言わない

ものです。

「あなた今、どちらにいらっしゃるんですか？」

電話を受けたほうは、まずここから聞かなければならないのです。道に迷った時は、まず立ち止まって、

「ここはどこか、今、自分はどこに向かっているのか」

をハッキリと把握しなければなりません。そうしなければ、またウロウロして、余計にドツボにはまってしまいます。

人生も同じです。自分自身がどこにいるのか、どういう状態なのかがわかれば、おのずと、次の一歩が見えてくるものです。前に進むのか、一度後ろへ戻るのか、右へ行くのか、それとも左へ行くのか。正しい道へ踏み出すには、まず今の自分の立ち位置を知ることからはじめなければなりません。

◎人間の目は前しか見えていないから……

「目標を達成できそうにない」「うまくいきそうにない」などと、起こってもいない

未来のことが気になって、そちらの心配ばかりしている人がいます。

何か迷った時は、まず一回、瞬間でもいいから、自分自身の足元をピシッと見る。そうすれば、今何が足りていなくて、ゴールまでに何をすればよいのかが見えてくるはずです。

人間は、立っている状態だとどうしても目が前を向いてしまいます。そして、歩く時は無意識のうちに前を向いたままで歩いているでしょう。意識して目を向けない限り、私たちは足元を見ることはありません。

これがもし、足をケガしている時だったら……一歩一歩、下を見ながら注意深く歩くのではないでしょうか。少しの段差にもつまずかないように、自分の歩く道を見るはずです。普段、当たり前になっていることにも注意を向ける。「看脚下」には、そういう注意喚起をする意味も込められているのでしょう。

昔はよく、「サラリーマンは相手の靴を見ろ」と言っていました。スーツがきちんとしていることはもちろん、靴も大事だよ、と。

やはり、一度自分の足元を見る、今の自分をしっかり見る、というのは昔も今も大事なのでしょう。反対に、相手から〝足元を見られる〟ことだってありますから。

15

雨滴声《うてきせい》

「わかった」という時ほど、
危うい

当たり前、常識、普通……私たちは常に何かを基準に物事を判断しています。

こうした固定観念に、「本当にそれでいいのかい？」とピシッと投げかけをしてくるのが禅の世界観、面白さです。中国・宋の時代にまとめられた『碧巌録《へきがんろく》』の中に、こんなちょっと風変わりな逸話があります。

ある雨の日のこと、鏡清《きようしよう》和尚は修行僧に聞きました。

「門外《もんげ》是れ什麼《なん》の声《おと》ぞ（外のこの音はなんだ？）」

修行僧はポツリポツリという音だけを聞いて、

「あ、そうか、わかった！」

と想像した。これは雨だれの音だと。だから、

「雨滴声（雨だれの音です）」

と答えました。

鏡清和尚は、

「衆生《しゆじよう》顚倒《てんどう》して己に迷《まよ》うて物を逐《お》う（おまえさんは外側のことに引きずられて、自分を見失っている）」

と言った。

「なんの音か」と聞いた時に、鏡清和尚がわかっていないことはありません。雨の音に決まっています。だから和尚に尋ねられて「雨の音です」と答えたら即アウト。聞いただけでは、わかった「つもり」でしかありません。想像をしたら、それはもう現実ではないのですから。また、雨から「うっとうしい」「じめじめして心地よくない」とイメージするのも想像です。現実は、ただポツリポツリと雨が降っている、ただそれだけなのです。

さて、この公案にはどう答えたらよいのでしょうか。一番簡単なのは、パーンと戸を開ける。戸を開けるだけでなく、自分が外に行って濡れて帰ってくる。我が身で感じたものが現実の世界ですから、雨を実際に感じるのも一つの答えでしょう。

◯「つもり」の恐ろしさ

修行中、老師からこんな問いをかけられることがありました。「無」の公案（12ページ参照）だったのですが、

「〝今日の無〟を持ってこい」

「〝富士山頂の無〟を持ってこい」

などと言われるのです。そこで一瞬でももたついて、わかったつもりになり、想像で答えたらもうダメ。すぐに無理解を見抜かれます。

物事の本質をパッパッと答えられなければならない。それには、雨だれだったら雨だれを、無なら無を自分の体感として感じる必要があります。その言葉になりきって、全身で理解しないと、わかっている「つもり」でしかありません。何もわかっていないことと一緒です。

あなたが人の話を聞いて、

「わかった」

と思う時。それは想像したのか、これまでの体感として理解しているのか、今一度自分と向き合ってみてください。

本当の理解を妨げているものは、もしかしたらあなたの「想像力」かもしれません。

16

吹毛剣《すいもうけん》

自分の心は
自分でしか研げない

先に人間の「妄想」についてふれましたが、私たちの心には、毎日毎日、一刻一刻、さまざまな思いが生まれたり、消えたり、たまっていったりします。

そのため先人は、「**吹毛剣**」という禅語で心の調え方、磨き方を説きました。「吹毛剣」とは、吹きかけた毛がスパッと切れるほどの切れ味を持った、人間の煩悩や妄想をも断ち切る伝説の剣です。

そんなすごい剣でも磨かなかったら、切れ味が悪くなります。**心も常に磨いていないと、刀と同じようにさびついていく**のです。

私は、修行を終えて自分の寺に戻ってからも、毎月、修行道場に通って「接心《せっしん》」（坐禅の集中期間）に参加していました。寒さの厳しい一月は一週間、そのほかの月も三〜四日は行くようにしていましたが、どうしても行けない月もありました。

当時は修行道場のご老師を招いて、毎月坐禅会を開催していました。その接心に行けなかった月にご老師がいらっしゃると、

「なんで来なかった？」

とはおっしゃいません。ただ、ひと言、

「お前さん、名刀も研《と》がないとさびるぜ」

とだけ言って帰っていかれるのです。決してこの言葉は忘れられません。

「朱に交われば紅《あか》くなる」という言葉があるように、いつもの日々を過ごしていれば、だんだんその毎日が当たり前になってきます。

私たちは着ているものは洗濯するし、体は風呂で洗って汚れを落とします。なのに、今日の心の汚れをそのままにしていないでしょうか。

◎それは「最後の一線」か

二十数年前、ある事件で逮捕された代議士がいました。事件のあと、その方が坐禅にやってきた時のことです。

「自分は前任者から仕事を引き継いで、同じようにやっていました。なんで自分だけが逮捕されなきゃいけないんでしょうか」

ふと我に返れば**誰が見てもおかしいことでも、その中にいるとだんだん慣れてしまって、感覚が麻痺してしまう**ことがあります。いつの間にか染まってしまって、おかしいことでも普通だと思えるようになるのが、人間の怖いところなのです。

私の寺には坐禅に来る政治家が多いのですが、

「坐禅するとどうなりますか」

と聞かれることがあります。そういう人には、私は冗談めかしてこう言います。

「塀の向こうに落ちることがなくなりますよ」

政治家をしていると、塀の上ギリギリに立たされる場面もあるのでしょう。いい悪いにかかわらずいろいろな人が寄ってくるし、まったく意図しないようなことに巻き込まれることもありうるわけです。政治家に限らず、そんな塀から落ちる人と落ちない人との違いは、その人の心の最後の一線。これを越えてはいけないという一線に気づけるかどうかでしょう。

足元をすくわれないようにするには、「看脚下」（66ページ参照）、自分の足元をきちんと見ることです。そして常に自己反省をして心を研いで「吹毛剣」の状態を目指すこと。

他人はあなたの心を磨いてはくれません。自分の心は自分でしか研げませんから、切れ味を失わないようにしたいものです。

17

拈華微笑《ねんげみしょう》

「心」と「心」でつなぐ本質

たとえどんなに言葉を尽くしても伝わらない時がある反面、「以心伝心」というように、語らずして本質が伝わることがあります。

お釈迦様が説法された時のことです。この日お釈迦様はひと言も発することはなく、大衆に向けて金波羅華《こんぱらげ》という花を一枝差し出しました。みんな、なんのことかわからずにボーッと見ていると、十大弟子の一人、摩訶迦葉《まかかしよう》尊者だけがニッコリと笑いました。それを見たお釈迦様は、

「今、お前に法（教え）を譲る」

とおっしゃいました。

これはお釈迦様が摩訶迦葉尊者にその教えを伝えられる場面の公案です。「拈華」の拈は花をひねる・つまむこと。仏の心や悟りの境地は言葉では表現することができないので、お釈迦様は花をつまんで差し出すという方法で伝えられたのです。それを見た摩訶迦葉尊者が微笑、ほほ笑んだということは、お釈迦様の心と一体になったということ。

凡夫たる私たちは、言葉でなんとか伝えよう、理解しようとするものです。しかし、**言葉や文字ですべてを伝えることはできません。**物事の本質は「心」と「心」でつな

いでいくしかないのです。『無門関』には「無」（12ページ参照）について、このように書かれている部分があります。

「本当に無がどういうことかがわかると、歴代の祖師たちと同じ目で見て、同じ耳で聞くことができるようになる」

心をつなぐためには、伝え手と受け手が同じ体験をしていくのが重要ということでしょう。

○何があれば通じ合えるのか

我々、禅僧のあいだで、「法を譲る（教えを伝える）」ことをよく「一碗の水を一碗に移すように」と言います。師が弟子に袈裟《けさ》や数珠《じゅず》をその証拠としてわたす場合もありますが、そのもの自体に意味はありません。

法を譲るという本質は形がないものです。逆に言えば、形がないからこそ壊れることなく相手に伝わっていくのです。同じ体験をしながら、そういう見えないものをつないでいくことが一番大事だと感じます。

これは仏教の世界に限りません。だからこそ昔は、丁稚《でっち》や内弟子として日常生活をともに送る中でその世界の奥義をつかみ、本物になっていったのでしょう。

私が住職をしている全生庵は落語家と縁の深い寺なので、落語家の方々とお話をすることがあるのですが、ある六十代の師匠がこう言っていました。

「そりゃあ、三年間外から通うより、内弟子を一年間するほうが、ものになるよ」

若い頃、自分の師匠の家に住み込み、朝晩一緒に過ごすことで、直接落語を習うだけでなく、物事の本質を師匠からつかんでいったのでしょう。師匠の「おい！」というひと言だけで、その時何を求められているかがわかるようになったと言います。

同じ体験をしているからこそ、通じ合える。

たとえば同窓会に行っても、クラスメートより、違うクラスでも同じ部活をともに頑張った仲間のほうが、久しぶりに会っても打ち解けやすかったりします。究極は、生き死にをともにした戦友かもしれません。

どれだけ体験を共有できるか。そうして心が通じ合えば以心伝心となっていくのです。そして、心と心でつながりあえる仲間は、一生の宝物になるはずです。

3章　表と裏

見えているもの、いないもの

18

本来面目

本来《ほんらい》の面目《めんもく》

いくら考えても
わからないのであれば……

「本当の自分」とはいったいなんなのか。

人は自分の顔ですら直接見ることはできず、鏡や写真などを通じてしか確認できません。ましてや内面を探るとなると、さらに難しいものです。

「本来面目」という公案があります。

五祖弘忍《ぐにん》禅師の法を継いだ六祖慧能《えのう》禅師は、妬《ねた》みによる迫害を恐れて、南方に逃れました。それを慧明《えみょう》という修行僧が追いかけ、慧能禅師に追いつきました。そして衣《え》鉢《はつ》（師の僧から弟子に伝える衣と食器など）を奪い取ろうとするのですが、結局、慧明は慧能禅師に諭されて悟りを開くことになります。その時こう言いました。

「不思善不思悪（善も思わず、悪も思わない）、すなわち善悪の一念も生じない時、汝（慧明）の本来の面目はいかなるものか」

慧明はそう問われたことで「本来の面目（本当の自分）」を自覚し、開悟したと言います。このことを直指人心《じきしにんしん》・見性成仏《けんしょうじょうぶつ》（**真理は自らの心の中に見出される**）と言います。

「これが好き」「あれは嫌い」「それはいい」「あれは悪い」

などと言っていれば、好みや自らの意思がちゃんとあるのですから、その積み重ねが本当の自分だとも思えてきます。しかし、善だの悪だの何も思わない、思う以前の、あなたの本当の姿、純粋な人間性とは、いったいどのようなものなのでしょう。なかなか答えに窮する公案です。

◎あれこれ思い悩む前に

修行中、こうした難解な公案が出されて私たちが困っていると、老師から、

「あれこれ言わずに、まず坐禅しなさい」

と言われます。そして坐禅をしていると、

「見性しろ、見性しろ」

とさらに言われるのです。見性とは、修行によって人間に本来備わっている仏の真理を見きわめることですが、ほかの僧はいったいどうやって悟りを開いたのかという話に興味が出てきます。


ある人は花を見て悟り、ある人は竹に石が当たる音を聞いて悟り、またある人は隣の人が警策《けいさく》でバンバン叩かれる音を聞いて悟ったと伝わっている。

そんな話を知るとだんだん、「自分が悟りを開く瞬間はどうなるんだろう」と思いはじめるのです。人間というのは度《ど》し難いものですよね。

そんなものは、悟ってみないとわからないこと。悟ればわかることです。やる前から「こうなるのかな」「ああなるのかな」などと想像しても悟れるわけではありません。あれこれ思うから、余計にできないのです。だから、まず坐れと言われる。

「つべこべ言う前に、動く」ということが大事なのです。

そもそも最初は何もないのですから、まずやってみるべきです。頭で想像していることは現実ではありません。そのうえ、起きていないトラブルや不安までも想像して心配するのは、まったく必要のないこと。

失敗したっていいじゃないですか。もともと何もないのですから、いったい何をもって失敗と言うのでしょう。

取り組んで、体全体で現実を感じることのほうが、ずっと大事なのです。

19

柳緑花紅

柳《やなぎ》は緑《みどり》、花《はな》は紅《くれない》

「ありのまま」こそが
真実

アメリカのデトロイトに行った時のことです。紅葉が美しかったので、同行のアメリカ人にそう伝えたところ、

「ああ、葉っぱの色が変わったね」

「そうね、そう言われればそうよね」

と淡白な答えが返ってきました。彼らに日本人のような季節の移ろいを楽しむ意識はなかったのです。

日本には四季があります。春は花を愛《め》で、夏はホタル、秋は月見や紅葉狩りを好み、冬はしんしんと降り積もる雪を眺める。虫の音に耳を傾けるのも日本人ならではの感性です。つくづく、私たちは自然の中にいて、自然からたくさんのことを学び、感じ取る民族だと思います。一方で地震や台風、噴火などの災害も多く、非常に特異な地質、地勢上に住んでいるゆえの無常観もある。

だからこそ、桜一つ取っても、その一瞬一瞬の姿に風情《ふぜい》を感じます。つぼみが色づきはじめる時に春を感じ、それからわずかなあいだだけ咲き誇る姿に見惚れる。はらはらと散る時には儚《はかな》さがあり、葉桜になってもまた風流だと思う。すべての一瞬一瞬が、そのままの美しい自然の風物なのです。ちなみに、イギリスのガーデニングでは、

花を植えてきれいに整えるものの、花が終わってしまえば全部抜いてしまう。合理的と言えばその通りですが……。

この日本で感じるような自然のあり方を表わしたのが、中国・宋代の詩家文人である蘇《そ》東坡《とうば》居士《こじ》の詩に出てくる言葉「柳緑花紅」です。柳が緑に芽吹いて、花が真紅に咲き誇っている。当たり前の美しい春景色を詠み、変わらない真実の姿を伝えました。

◎「差別」の中の「平等」、「平等」の中の「差別」

この「ありのままの姿こそが真実だ」という見方を人間にたとえれば、幼い子どもは人としては未完で、六〇歳の人が完成されているということにはなりません。その時、その時で完成された姿であるはずなのです。

ところが、私たちはどうしても「あいつはまだ若いから未熟だ」と思い、「あの人は年齢を重ねているのだから人間ができている」というようにとらえてしまいがちです。その瞬間を切り取れば、**年が若いからといって、あるいは老いているからといって、人としての違いがあるわけではない。**何かと比較できるものではないのです。

万物は、その時にはもう完成されていて、本来の姿のままでいい。これを突き詰めて考えると、差別意識からはずいぶんと離れられます。

一般的には、「平等」と「差別」は対立した概念と考えますが、私たち禅僧は、平等の中に差別があり、差別の中に平等があるという見方をします。

たとえば男性と女性。男女を分ければ差別ですが、同じ人間と見れば平等です。極端なことを言えば、同じ命という観点からすれば、ミドリムシのような微生物と我々は変わらない命を持っています。ただ、平等だけでは成り立たず、平等の中に、人間は人間、犬は犬、猫は猫といった差別がある。

だから、平等と差別は表裏一体であるということを理解しておかないといけません。「差別はいけない、平等でなくては」と言う人もいますが、禅の見方は「こっちがよくて、あっちは悪い」という話ではないのです。

私たち人間は弱いので、すぐに、どちらかが正しくて、もう片方が間違っていると決めつけ、正しいものに寄りたくなってしまいます。しかし、**「これが正しい」と思うことは、その瞬間に「間違っているもの」をつくり出す**ことになってしまう。

すべてはそれぞれに差があって、それぞれの姿のままでいいのです。

20

万法帰一《まんぼうきいつ》

万法《まんぼう》一《いつ》に帰《き》す

「大切なもの」ほど目に見えない

今、あなたの目の前にこの本があります。

当たり前ですが、私たちが生きているこの世界は、「有る」という物質的な世界です。だからこうして、見ることができ、聞こえる、嗅《か》げる、味わえる、ふれられる。

ただ、「有る」という世界には、これまで説明してきた「無い」という世界が常に表裏一体でついています。

先ほどの差別と平等を例にすると、人間を男女の違いでとらえると、差別はあることになる。しかし、男女の関係なく、ただの人間ととらえると差別はない。つまり平等です。男女の差は目に見えてわかるものですが、人間という概念は見えないものです。

このように、「目に見えるもの」と「目に見えないもの」が互いに交わり合う中で、我々は生きているのです。

こうした状況が常にそこに「有る」ということを知るためには、一度「無い」という世界を知らなければいけない。どちらも同じく存在するのですから。

「万法一に帰す、一何《いず》れの処にか帰す」

という禅語があります。森羅万象、すべてのものが、一つの絶対真理に帰るとすれば、さらにそれはどこに帰るのでしょうか、という問いです。

これは、すべては一つの真理にたどり着くけれども、最終的にはその「一」もない、「あ、なんにもなかった」と気づくという教えを導いています。

◎「見えていないもの」に気づく力

「無い」ということはどういうことか。たとえば私たちの体は、ここに「有る」。姿形や動作はわかるけれども、

「さあ、命を目の前に取り出して見せてくれ」

と言われたら、どうしようもない。命だけを取り出すことは決してできません。体のどこを切っても、髪の毛一本、爪一枚にいたるまで、すべてに命が「有る」。ただ、その命自体は見えないのです。

また、もし「平和を見せてくれ」と言われたら、どうするでしょうか。ニコニコ笑うのか、手をつなぐのか。でも、笑うことがイコール平和でしょうか。命と同じように平和が大切だとみな知っていますが、平和がどういうものかは見えていないのです。

逆に、争いであれば、人と人が殴り合ったり、罵倒し合ったり、傷つけ合ったりすることで表わせるでしょう。だから、歴史は目に見える争いの歴史しか学べない。

平和とは、争いのない状態です。争いという目に見えるものがないのが平和。ということは、争いがあるから平和がどういう状態なのかが感じられるのでしょう。目には見えなくても平和があるのです。

大切なものはいつだって目に見えません。

差別と平等、体と命、争いと平和のように互いに交わり合いながら存在しているのです。

目の前に「有る」ものだけにとらわれず、見えていない「無い」ものがあるはずだと思うこと、そこに、思いを馳せることが私たちには必要なのではないでしょうか。

21

和敬清寂《わけいせいじゃく》

マイナスの感情を断ち切る方法

人間、一人の力にはどうしても限界がある。何か物事をやるにあたっては、人と協力して進めることになります。

そうした時、大切になってくるのが、相手を敬う気持ちです。「喫茶去」（62ページ参照）の項で、禅では自立と和合のどちらも大切にしていると話しましたが、「和敬清寂」という禅語もその考えに近いものです。

「和敬」は、みなで同じ空間を分かちあい、一緒にやっていくためには、お互いを尊敬し尊重し合う心がなければいけない、という意味です。

社会生活では、この敬意がとても重要です。その仲間に対して「敬う」気持ちが形として表われると「礼」になります。挨拶や「ありがとう」「ごめんなさい」という人間関係でよく使う基本の言葉は、尊敬する相手への礼儀。それが社会の潤滑油となって、みなと一緒に心地よく物事を進めることができるのです。

「清寂」の「清」は、清らかでキレイなさまを言います。人はいきなり澄んで清らかな心にはなれないので、ここで「寂」が必要になります。いったん、心を落ち着けてみる。すると、自分の心に渦巻いている好き嫌いや損得は、海にたとえるなら、表面上のさざ波のようなものだと気づくのです。

どんなに好きなものでも、手に入れたらまた違うものが欲しくなる。愛したはずの人と憎しみ合うこともある……。人間の心はコロコロと変わります。

そこで**静かに自分の気持ちに向き合う、内観していくと、心の奥底には何ものにも影響されない静かな心があるのに気づく。**そうすると、濁りのない「清らか」な状態になれるのです。

◎妬みや憎しみ……は心の表面上のもの

たとえば、ライバルが売上トップになった、大きなプロジェクトを成功させたとする。自分が前向きな時は、

「あいつ、すごいな。あの方法は参考になる」

「よし、もっといい成果を出せるよう自分も頑張ろう」

と、よい刺激となって競い合っていけることでしょう。しかし、時には、

「なんであいつだけうまくいくのだろう」

「きっとミスするに違いない……」

などと、つい妬ましい心が出てきてしまうこともあります。人間ですから。ただ、

「うらやましい、妬ましい……」

と、こんな負の感情をつないでいっては、できることにも集中できず、モチベーションも下がって、いい結果は残せません。

そういう感情が顔を出したら「寂」、静かにしてみる。「うらやましいとか、妬ましいとか思わない」と自分に言い聞かせるだけでは、ドス黒い感情は消せません。だから、一度少し静かに落ち着けて、自分の心を見つめる時間をとるのです。

妬みも憎しみも一時の感情。心の表面上のものにすぎません。それなのに、衝動的にわき上がった負の感情を自分の本心だと勘違いしてしまったら、他人を傷つけたり、自分を貶めたりと、自身の人生をも見誤ることになってしまう。

そうならないように、心の深いところには、揺らぐ感情に左右されない静かな部分があることに気づくことが大事です。

お互いに敬い合いながら、競い合っていくことは、どんな世界においても大切。健やかな人間関係を育み、何かを成し遂げるために、「和敬清寂」はふと立ち止まって自分の心を見直すことを教えてくれる言葉なのです。

22

啐《そっ》啄《たく》同《どう》時《じ》

ひと皮むける
「一瞬のタイミング」を見誤らない

人の能力や才能が開花するきっかけは、鳥の雛《ひな》が孵化《ふか》する時に似ています。雛が殻を破って外の世界へ出ようとする時、雛は卵の内側からつつきます。しかしそれだけでは生まれることはできません。雛がつつくのに合わせて親鳥も外側からつつかないと、殻は破れないのです。この雛がつつくことを「啐」、親鳥がつつくことを「啄」と言います。

仮に雛が孵《かえ》りそうなことに親鳥が気づかなければ、雛はそのまま窒息死してしまい、また、雛が未成熟なのに、親鳥が殻を割って外に出したら、やはり死んでしまう。「啐」と「啄」のタイミングが合わないと、うまく生まれることはできないのです。この「啐啄同時」は、禅宗の師と弟子の関係を示唆しています。

たとえば、私たちは公案で修行をします。師は弟子に対して出した公案を、弟子がどう工夫して答えるかを見ています。弟子が自分なりの見解を持って参禅してきたら、問答しながら成長を測っているのです。

そして、最後のところでポンと一つ言うと、弟子が、

「こういうことなんですね」

と、悟りを開くにいたる。啐啄同時はそのように、師と弟子の気が合い、呼吸が合

う瞬間のことを表わしています。

◯もがいているのは自分一人なのか

この「啐啄同時」、タイミングが重要になってくるのは、会社で言えば、上司が部下の能力を引き出す時。そして、芸術の世界で言えば、師匠が弟子の才能を引き出す時でしょう。

能力や才能を開花させるためにはまず、部下や弟子がやる気にならないといけません。言われたことは必ず真摯に取り組んでいく。その気概がないと、殻の中にいるまで終わってしまうでしょう。

そして、教えている側は一所懸命向き合っている姿を見守る。当然、技量も未熟だし、上司や師匠に比べれば経験も不足しています。時には歯がゆくなって、自分が手を貸したほうが早いのではと思うこともありますが、そこをグッと我慢する。

部下や弟子は、できなくて苦しみ、わからなくて悩みます。苦しんでいる姿を見ると、つい全部教えてしまいたくなります。しかしそれでは、部下や弟子が伸びるのはそこまで。人の手を借りて課題を達成したとしても、自分の身にはなりません。最初から全部手助けしていては、成長の妨げになるのです。

一方、悩みや苦しみの真っただ中にいる人間にとっては、

「なんで助けてくれないんだ」

という思いがあります。

自分一人だけでもがいているあいだは孤独なもの。しかし、それを突破して成長し、自身がかつての上司や師匠と同じ立場になった時に、やっとわかるのです。助けてくれなかったのではなくて、見守って、自分の力で開眼するのを待っていてくれたのだと。最後のタイミングをはかってくれていたのだと。

その意味で、**部下や弟子を指導することは、上司や師匠にとっても修行**です。どのあたりまで理解しているのか、何に行き詰まっているのかを見守って指導するだけでなく、「自分の時はこうだったな」と思い出します。そうして相手が今どういう状況にいるのかを慮《おもんぱか》り、最後の手助けをするタイミングを合わせていくのです。

一人ひとりの進度は違うため、真剣に向き合わないとできないことです。そう考えると、むしろ教えている側のほうが、より人間的に成長していくのかもしれません。

23

無位真人

無位《むい》の真人《しんにん》

地位や立場は
いずれなくなるもの

先日、旅行会社の人から聞いた話です。

最近、定年退職後のシニア世代を中心にクルージング旅行に行く人が増えているそうですが、クルージングは、船上での夕食などをいろいろな乗客たちと同席しながら楽しむ機会が多い。そうした時、女性同士は会話が割合とスムーズに進むそうですが、どうも男性同士はなかなかそれが難しいというのです。

無意識のうちに相手の値踏みをしてしまう。ついつい会話に出てくるのが、「お仕事は？」「何をされていたのですか？」という具合です。話題なんてなんでもいいのに、現役時代の感覚からなかなか自由になれないことが多いようです。

たしかにそれも致し方ないかもしれません。長年の慣習です。相手がどういう人間か、挨拶して名刺交換して、名前とともに役職や肩書きを確認する。それによって対応を変える必要があるからです。しかし、そもそも肩書きで相手の人間性まではかることができるのでしょうか。

人にはそれぞれの立場はあっても、それが人間の本質を表わしているわけではありません。たとえば私は、うちの子どもの同級生たちに「あっくんのパパ！」と呼ばれています。「あっくんのパパ」というのは私の顔の一つです。家にいれば檀家さんから「ご住職」と声をかけられます。「住職」という顔もあるのです。

人にはこのように、いろいろな顔、つまり地位や立場がありますが、本当の自分とはいったいどれなのでしょう。全部が自分とも言えるし、どれもが自分ではないとも言える。禅語の「無位真人」は、あなたの地位や立場をなくして、何ものにもとらわれない姿が真実の人間性なのですよ、という意味です。

本来は立場や地位なんて関係ないのですから、自由自在に生きることができるはずなのです。ところが人は、どうしても固執してしまいます。定年退職後であっても、これまでずっと名刺を出して挨拶していただけに、自分を紹介する手段がなくなっても、「どこそこで働いていたナントカです」となってしまうのでしょう。

思い込みが自分自身を縛ることになる

地位や立場を基準に世の中を見ている人は、なかなか自由になれません。

「あの人の功績は素晴らしいから、尊敬しなくては」

「聞いたことのない会社だから、これくらいの扱い方で……」

そんな表面に振り回されてしまうと、相手やものの本質が見えなくなります。たとえば、素晴らしい成績をおさめた人だけが、尊敬すべき人なのでしょうか。肩書きや功績がなければ、敬意を払うのに値しないというのでしょうか。ものの見方が限られていると、それが余計な迷いのもとになります。

地位や立場は当然、いつかはなくなります。だから、**「もともとは何もない」「何もないのが本来の自分なんだ」ということを知っておかなければなりません。**

ある時、檀家さんと話していたら、

「うちの主人、最高裁の判事だったからといって偉そうなこと言っても、家に帰ってくれば孫の奴隷なんですよ」

とおっしゃいました。それでいいのです。孫にしてみればおじいちゃんが最高裁の判事だろうが、勲一等をもらっていようが、そんなことはなんの価値もないのですから。その時々に合わせた自分でいられればいいのです。

本来、私たちは何ものにもとらわれず自由自在にできるのですから、勝手な思い込みで自身を縛らずに、自由でいたいもの。「無位真人」となって、自分自身、そして外の世界を、ありのままに見つめられるようになることが大切なのです。

24

体露金風《たいろきんぷう》

〝隠さない〟人間の強さ

私たちは都合の悪いことは、つい隠そうとする傾向があります。しかし、隠してしまうと、それは弱点になってしまう。逆に「さあ、どこを見られてもいいですよ」とすべてさらけ出せたら、これほど強い状態はありません。

中国、唐の時代に、一人の修行僧が雲門禅師に質問しました。

「樹凋《しぼ》み葉落つる時、如何（木がしおれ、葉が全部落ちた状態はどうでしょうか）」

雲門禅師はこう答えたのです。

「体露金風（秋の風ですっかり露《あら》わになっている）」

禅の問答は身近なものを使って私たちの心の話をします。この公案では木を通して、

「一点の迷いもなくなり、悟りを開くというのはどういう状態でしょうか」

と尋ねています。禅師は、

「秋風で全部あふうふうに葉が落ちてしまって、全部あらわになっている」

と返事をすることで、

「どうぞ、どこから見られても結構ですよ」

と伝えているのです。

どこを見られてもいい、というのは、隠すところが何もない状態。一方で、何かを

隠すと、バレないようにと嘘をつかなくてはならない場面がくるかもしれない。しかし、ずっと隠し通せるものではありません。一つ嘘をつくと、その嘘をまた別の嘘で塗り固めて、やがて一〇〇や一〇〇〇の嘘になっていく。

嘘は一つでは終わらないのです。

○オープンかプライベートか

外からは幸せそうに見える家庭でも、何かはあるものでしょう。人には言えないけれど、もしかすると、たとえば子どもが実は引きこもりだとか、不登校だとか。幸せな結婚をしているはずなのに、実はすれ違いが多いとか、会話がほとんどないとか、離婚の危機だとか……。

私は寺で生まれ育ったため、自分の望む望まないにかかわらず、プライベートを全部見せてきました。結婚するまでは、寺に出入りする人は誰でも私の部屋まで自由に入ってきていました。部屋の中にはお金も置いてあり、いつでもどうぞ、という状態でした。夕方になり、ようやくみんなが帰ると、ほっとしたものです。

現在の我が家も、夫婦ゲンカも親子ゲンカも全部他人が聞いている。聞かれているから、大変な事態になるギリギリ一歩手前までしか言いません。お互いに、どこかでストップがかかっている。**すべてをあらわにすることで、よい意味で自制心が働いているのです。**

また、禅寺の修行道場では、自分の個室なんてありません。修行僧がみんなで一緒に寝食をともにするので、すべてオープンになる。だから修行道場では、まさに「体露金風」です。

昔と違い、今は個々のプライベートが重んじられている時代です。個の状態が重んじられているのか、単に閉鎖主義なのかはわかりませんが、お互いにどこまで立ち入っていいのか、距離感をはかるのは、とても難しく思えます。

ただ、「どこでもどうぞ」と万人に対して本当にすべてをさらけ出すことができたなら、どんなによいでしょうか。どんなに晴れやかでしょうか。

隠すところがない、弱みが一つもないのが、つまり一番強いということなのです。

4章

希望と運命

人生の「流れ」について

25

直心是道場

直心《じきしん》是《こ》れ道場《どうじょう》

どんな場所であろうと、
人は成長できる

もし仕事が立て込んでいる時に雑用を頼まれたら、つい口には出さずとも、

「今、忙しいのにこんなこと」

と心の中で思ってしまうかもしれません。「こんなこと」と言いますが、そもそも、くだらない仕事など世の中にはありません。仕事への向き合い方は、『維摩経《ゆいまきょう》』に出てくる光厳童子《こうごんどうじ》と維摩居士から見えてきます。

光厳童子は修行をするために、静かな場所を求めて毘耶離《びやり》大城を出ようとしたところ、仏道を極めた維摩居士と出会いました。

「あなたはどこから来たのですか」

と光厳童子が尋ねると、維摩居士は、

「道場から来たのだよ」

と答えます。納得できないのでもう一度尋ねると、こう答えました。

「直心是道場（真っ直ぐな心そのものが道場なのです）」

「直心」は真っ直ぐな正しい素直な心。「道場」は修行する場所を示しますが、ここでは、場所というものは借り物であり、心の中に道場があると言ったのです。

たとえば、禅宗では食事をつくることも修行の一つだと考えます。「精進料理」は、

単純に肉や魚を食べないというだけでなく、米一粒、葉一枚にいたるまで無駄にしないように心をくばっていく料理です。

修行僧の食事をつくる役職は「典座《てんぞ》」と言われます。**食材はすべてに命が宿っているので、無駄にすることは命を殺すこと**になります。そのため、典座は一番徳を積むこともできるし、一番徳を失することにもなる仕事だと言われています。

そして、食べることは、修行するための体を養うことにつながります。おなかがすけば、「貪・瞋・癡」（25ページ参照）の「三毒」のうち、「貪《むさぼ》り」という心が芽生えてもくる。そういう心を起こさないように、修行で最低限自分の体を養っていくためのものをいただきます。ですから、ごはんを食べることも修行であり、そこは道場となります。

あるいは田んぼで稲を植え、畑を耕して野菜を育てることになれば、またそこが道場になるし、お客さんの相手をすることや、一杯のお茶を出すことも道場になる。道場とは空間的な場所ではなく、自分の心の中にあるのです。そして、心がけ次第でどこでも道場になるということです。

「今さらこんなくだらないこと」などと言う人。その物事をいい加減にやって、くだらなくしているのはその人自身なのです。

「道場」はどこにある？

「この仕事は自分を成長させてくれる。しかし、こちらの仕事では成長できない」ということはありません。**どこにいても、何をしていても、自分の心がけ次第で、徳を積むことはできる。逆にいい加減にやれば、徳を失することになる**のです。

では、どのような心がけで臨めば、自分を成長させてくれるのでしょうか。

それは、「直心」、真っ直ぐな正しい素直な心、乱れることのない心です。この直心で臨めばすべては修行になり、成長するためのステップになるのです。

ともすれば、「この仕事に意味はない」「こんなことは自分にはもう必要ない」と思ってしまいがちですが、それを決めているのはあなた自身の心であり、あなたの思い込みです。

余計なことは考えず、心を乱さずに無心に取り組んでみたらいかがでしょう。人が成長できる「道場」は、どんな場所にもあるのですから。

26

時時勤払拭

時時《じじ》に勤《つと》めて払拭《ほっしき》せよ

「あぐら」をかいてはいけない

何事においても、「ここまでできた」と結果に満足して歩みを止めてしまうと、せっかく磨いたスキルなどはすぐにさびついてしまいます。そのことを実感していたのが、神秀《じんしゅう》という修行僧でした。こんな禅語を残しています。

初代達磨大師から五代目の弘忍禅師のもとには多くの門下が集まり、弟子は七〇〇人を数えたと言います。ある日、弘忍禅師は弟子たちに告げました。

「誰かに法（教え）を継がせたいので、自分が悟った心境を詩にして表わしなさい」

一番弟子だった神秀は、禅師がいつも通る廊下の壁に次の詩を貼りました。

「身は是れ菩提樹《ぼだいじゅ》　心は明鏡台の如《ごと》し　時時に勤めて払拭して　塵埃《じんあい》を惹《ひ》かしむること莫れ（私の身は菩提［悟り］の樹のようなもので、心は一点の曇りもない鏡のようなものです。常にこれを拭いて掃除し、鏡にホコリや曇りがつかないようにしなければなりません）」

時時勤払拭、「たとえ悟りを開いたとしても、ずっと修行は続くのだ」という、修行の心がけとして大切な言葉です。

多くの人はこの「悟り」を誤解しているところがあります。「一回悟れば、二度と苦しむことはない、まるでパラダイスのような境地へと行ける」と考えていませんか。

禅のあるべき姿は、悟ればあとはどうでもいいというわけではありません。心は磨き続けていかないと、やがてホコリにまみれて曇ってしまうから、どこまでも、どこまでも修行をしていく。修行には「ここまででいい」ということがありません。

◯「悟り」を手にしても

たとえば、成功した大きなプロジェクトや大口の契約。

「ついにこんな仕事までできるようになった」

と達成感を感じるのが人間でしょう。しかし、一つ大きな山を越えたからといって、その後も次々と求める結果が出せるわけではありません。現況にあぐらをかいて努力をやめ、手を抜くようになればあっという間に判断力もにぶり、物事が立ちいかなくなります。

どんな分野でもそうです。たとえば体操競技で、世界で一人だけしかできない技を編み出した選手であっても日々の鍛錬を怠ればできなくなってしまいます。練習をしなければ技を決めるために必要な筋力が落ちるし、体のバランスが悪くなる。「どうやってあの技を決めていたのだろう」と、できていた頃の記憶さえ薄くなってくるでしょう。

何事も「ここまでやれば十分」はありません。たとえひとかどの人物になったとしても、「時時勤払拭」の心構えを持って努力し続けることは必要なのです。前よりもいいものをつくりたい、大きな仕事を成し遂げたいと思うことが結果につながり、さらに飛躍することができるのです。

逆に、「ここまででいい」と思ってしまうことは、立ち止まってしまうこと。もう一歩も前に進まないと決めてしまうことです。すべてはそこで終わりです。

もっと言えば、私たちがしていることのすべては、結局、終わりはありません。**人生には寿命という終わりがありますが、人の心には終わりがない。**心の修行はどこまでも続きます。そして継続することで、いつか「高み」と言われる境地へ達することができるかもしれません。

常に満足せずに日々の努力を積み重ね、心を磨けば望む結果もついてくる。人も仕事も環境も、心のあり方一つでよくも悪くもなるものなのです。

27

本来無一物《ほんらいむいちもつ》

〝比較の世界〟から
抜け出る

なぜ私たちは、いつも「誰か」や「何か」と自分を比べてしまうのでしょうか。

これについては、前項の「時時勤払拭」の話の続きがとても興味深い。

師である弘忍禅師が、神秀の詩を見て、

「これはとてもよい詩だから、みんな覚えてこのように修行しなくてはならないよ」

と言ったので、修行僧たちはいつも、この詩を口ずさんでいました。そこへ寺で雑用をしている慧能が現われ、

「その詩はよくできているけれども、禅の真髄を表わしてはいませんね」

と言った。まだ修行もしていない雑用係がそんなことを言うので誰も相手にしませんでした。その夜、読み書きができない慧能が童子に次のような詩を書いてもらいました。

「菩提本《もと》樹無く　明鏡も亦《また》台に非《あら》ず　本来無一物　何《いず》れの処にか塵埃を惹かん（私には身や心や煩悩はなく、本来無一物なのです。何もないからホコリや曇りもつきようがありません）」

この詩が禅の真髄です。のちに、神秀でなく、この慧能が、弘忍禅師の跡を継ぐことになります。

そもそも心というものには形がないわけですから、それに塵《ちり》がついたり、垢《あか》がつい

たりすることはない。そうは言っても、毎日の生活の中で心はさまざまに変化するので、「時時勤払拭」の心構えで常に美しく磨き上げることが大切です。しかし、本当のところは「本来無一物」、何もないことに気づかなくてはいけません。

一喜一憂、右往左往しない生き方

よく言う「平均値」。年収の平均や平均の体重、結婚年齢の平均。自分と比べて同じくらいだとちょっとホッとしたり、違うとショックを受けたり、逆に優越感を抱いたりします。この「平均」には何か意味があるのでしょうか。

年収で言えば、年収五〇〇〇万円の人が一人いて、年収二〇〇〇万円くらいの人が一〇人いたとする。平均すると六三〇〇万円強になりますが、この数字がいったいなんの参考になるでしょう。

平均値はただの数値。一人ひとりがそもそも違うのですから、数値には実際の人の姿は見えません。それでも私たちは、日々誰かと比べて、ほかの人と差別化して一喜一憂しているのです。

数値を指標に差別化したところで、それは人のほんの一部のこと。ただ、目に見えるというだけのことです。たとえ年収が低くても、心豊かに幸せに生きていればそれでいいし、もし会社の査定基準を満たしていなくても、誠実な人柄で周囲から大きな信頼を寄せられていれば、それはそれで素晴らしいことでしょう。

大切なこととは、目に見えていないものなのです。まずは「何もない」という世界があり、そのうえに、さまざまに差別された生活があるのが、私たちのいる世界です。その「無一物」の世界を知らないままであれば、その人は一生、苦しみにとらわれたまま。差別の世界で一喜一憂し、右往左往し続け、救われることはないでしょう。

たとえ「誰か」でなく、「自分」と比べるのも同じです。「昨日の自分」「昨年の自分」との差に一喜一憂したとしても、それは「今日の自分」「今年の自分」が、比較のために勝手につくり出したものにすぎないのです。

とらわれのない「安心」を得たいのであれば、本来は何もない、「無一物」という世界があるということを心にとめておくこと。真の「安心」というものは、目に見えることだけを何かと比べている世界では、決して味わえない境地なのです。

28

日日是好日

日日是《にちにちこ》れ好日《こうじつ》

真摯に努力を続けた結果が「今日」になる

人は不思議なものです。苦しくて苦しくてしようがなかった出来事でも時が経つと、

「あの時が一番充実していた」

「あの苦労があったから、今がある」

と思えるもの。たとえ目の前にある現実が悲しい日、苦しい日でも、あるいは楽しい日、喜ばしい日でも、すべてが「**日日是好日**」なのです。

この言葉の意味は、よく「いい日」「うまくいった日」と思われていますが、本来は**「一瞬一瞬を積み重ねてきたその日」**ということです。

私は修行に入ってちょうど三年が過ぎた頃に父が亡くなり、跡を継ぎました。その時、悩んだのです。このまま住職としての日々を過ごしていくのか、あるいは、もう一度修行道場に帰るのか。悩んだ末、私が選んだのは修行の道でした。

当時の私にとっては、厳しいほうの道を選択したと思います。一〇年に及ぶ修行中、苦しく、つらいことがたくさんありました。しかし、振り返れば一瞬です。もしあの時、三年で修行をやめていたら、今の私はありません。今の私のすべての原点があると言っても過言ではない。あの一〇年はすべてが「好日」だったのでしょう。

また、どんな日であれ、誰かの「好日」になっているのです。

たとえば雨が降れば、「濡れたらイヤだし、出かけるのが億劫《おっくう》だな」などと思いがちですが、農作物をつくっている人にとっては、恵みの雨。私たちが不快だと思う一日でも、ほかの誰かにとってみれば、それはやはり「好日」です。

少し視点を広げるだけで、毎日が「好日」になるのです。

報われないが「為」になっている!?

とはいえ、どんなに努力したって、結果が出ないことは世の中にはたくさんあります。むしろ、報われないことのほうが多い。

「今日は一日中営業に回ったのに、一件の契約も取れなかった」

「心血注いでつくり上げた企画書が通らなかった」

ということがあるのではないでしょうか。しかし、業務や課題に対して真摯に努力して、精一杯取り組んだのであれば、たとえうまくいかなくても、その経験は間違いなく自分の身になっています。

逆に、うまくいったとしても、いい加減に取り組んだのであれば、偶然いい結果につながっただけのこと。次も同じ成果が出るとは限らない。しかも、何も身にはなっていないので、いつかは失敗につながる可能性だってある。

あなたが日々向き合っているどんなことでも、自分の心がけ一つで、どれだけのものを得るのかは変わります。物事に取り組む姿勢、心構えが大事なのです。

たとえば坐禅は、はたから見ればただ坐っているだけに見えます。一所懸命に坐禅をしているかどうかなんて、まわりの人にはわからない。自分自身にしかわからないのです。だから、どこまでも自分自身との戦い。

仕事だってそうでしょう。結果も大事ですが、自分なりにどこまで努めるのか、苦労してみるのか。それとも、もうここでいいと、あきらめるのか。**究極のところ、「自分が満足するレベルをどこに設定するか」ということ**なのです。もし願いがかなわなくても、あなたが積み重ねてきた日々は「好日」と言えます。

ちょっと振り返ってみてください。やるべきことに、本当に精一杯、努力できたかどうか。今まさにできているかどうか。

本気の一瞬一瞬を、一日一日を精一杯に生きて積み重ねてきた先にあるのが、「今日」という、より素晴らしい一日なのです。

29

平常心是道

平《びょう》常《じょう》心《しん》是《こ》れ道《どう》

いざという時の「平常心」

肚が据《す》わっている男と、そうでない男。普段はわからずとも、ピンチが訪れた時に差が歴然と出ます。その一番の違いは、「平常心」があるかないかでしょう。

「平常心是道」はよく使われる禅語です。普通は「へいじょうしん」と読みますが、禅では「びょうじょうしん」と読みます。

唐の時代、弟子に質問された南泉《なんせん》和尚の言葉です。

「如何《いか》なるか是れ道（道とはどんなものですか、どこに向かえばいいでしょうか）」

「平常心是れ道（日常の心がそのまま道です）」

「平常心をつかむにはどうしたらいいのでしょうか」とさらに尋ねる弟子に、「つかまえようとすれば、つかまえることはできない」と南泉和尚は答えました。つまり、「これが平常心ですよ」という道があるわけではない、というのです。

不明瞭だと思ったのでしょう、さらに弟子は「これが道であるということが言えないなら、それが道だとどうしてわかるのですか」と問いかけます。南泉和尚は、「知は是れ妄覚、不知は是れ無記（平常心を知っていると言えば妄想になる。知らないと言えば愚かなことだ）」

と返しました。「平常心」は自分自身の体験からつかみ取っていくべきで、「これが平常心ですよ」とは言えない。「これ」という明確なものを追ったところで、本当の平常心はつかみ取れないものだと説いているのですね。

○肚が据わっている男

ビジネス書には「成功への道」「必ずうまくいく法則」のような本がたくさんあります。でも、それは成功した人が、自分のやってきたことを振り返って、「これが成功への道だった」と言っているだけのことです。他人がそれを真似たからといって、成功できるわけではない。

私たちは「売れる秘訣があるのではないか」「成功するコツがあるに違いない」と思っているところがあります。しかし、誰かが成功した道をほかの人が歩いても、同じ結果にはならないものです。取り組む人はそれぞれに違うし、シチュエーションだって完全に同じことはありえないからです。

ノウハウに頼る人ほど、ピンチに直面した時やうまくいかずに手も足も出なくなった時、「なんでうまくいかないんだ」「言われたことはしたのに」「何が足りないのか」「この先は失敗しかないのか」などと悩み、心が千々に乱れてしまうのではないでしょうか。この時、軸があるのとないのとでは大違い。そして、その軸こそが「平常心」です。

海に錨《いかり》を下ろした船と錨を上げたままの船が浮かんでいるとします。そこへ嵐がやってきた。船は大揺れに揺れます。波が落ち着いたあと、錨を下ろしていた船はそこに留まることができている。しかし、錨を上げていた船は、遠くへ流されてしまいます。

どんな高波にも振り回されない錨、荒ぶる感情にもぶれない錨があれば、

「今はピンチだけれど、しようがない。そういうこともある」

「きっと、この苦しみや悩みもいつかは落ち着くだろう」

と、いったんそのままを受け止めることができます。そして、自分の中に渦巻く余計な心配や苦しみを取り払うことができる。

心には形がないので「平常心とはこういうものだ」とは言えません。しかしそれは、見えなくとも自分の奥底に厳然と存在します。そういう心があることに気づくか気づかないかが、肚が据わっている男と、そうでない男との差となるのでしょう。

30

独坐大雄峰《どくざだいゆうほう》

独《ひと》り大雄峰《だいゆうほう》に坐《ざ》す

今やるべきことは「一つ」しかない

「自分は組織の歯車の一つにすぎないのではないか」……。私たちは、自分自身は特別な存在であるため、今やっていることよりも大事なこと、素晴らしいことがあるような気持ちが常にどこかにあります。

今、一番大切なことは何か。

この問いに中国・唐の百丈《ひやくじよう》懐海《えかい》禅師が答えた禅語があります。

「独坐大雄峰（ここで一人で坐っていることです）」

自分が今やるべきことは一つしかない、というのです。

この言葉を見ると、修行時代のある出来事を思い出します。

修行をはじめた頃、私は毎日がイヤでイヤで仕方がありませんでした。自由はないし、坐禅で足は痛い。そして大学時代の友人たちはバリバリと仕事をしている。当時はバブル絶頂期で、自分だけがまるで牢獄にいるような気がしていたのです。「なんでこんなことをしなきゃいけないんだ」という心持ちでした。

そんな中、二年ほど経ったある日、村へ托鉢《たくはつ》に行った時のことです。ある家のおばあさんが、

「この野菜、いくらでも持っていきなさい」

と言ってくださったのです。修行の一環として自分たちも野菜をつくっていたため、作物を育てる大変さは十分身に染みていました。それに、その野菜だって市場に持っていけば、いくばくかのお金になる。おばあさんはそんな大切な野菜を「いくらでもどうぞ」と言ってくれたのです。さらに続けて、

「あんたたちは、私にできないような修行を私の代わりにしてくれているから」

と言葉をかけてくださいました。

その瞬間に私は、「なんで自分だけが……」という狭い気持ちで修行していたことが恥ずかしくなりました。こんな私を見てくださる方々がいて、生活を支えてくださっている。自分がしている坐禅も、自分のためだけではない。こうして人のためにもなるのだと、ようやく気づくことができたのです。

それは自分のため？　社会のため？

最初から「世のため人のため」と言うと聞こえはよいですが、自分がしたことは自分に返ってきます。まずは自分自身のためになっていることに注目してください。

「自分のやるべきこと」とは、本分をわきまえること。親に学費を出させて学校に行っている学生であれば、勉強という務めを果たす。多く学べば知識が増えて自分のためになり、その成長を願う親のためにもなります。そのうえで、学問を修めて社会に出た時に、周囲のため、ひいては社会のためになっていくのです。

社会人であれば、自分の立場でやるべき業務を一つひとつきちんとこなしていく。今予算が大規模なプロジェクトとか、社会的に影響力の大きな案件でなくてもいい。今やるべき仕事をすることで、会社がまわっているのだし、会社がまわれば、社会に貢献することになる。今あなたがやるべき一つのことは、世の中のすべてにつながっていきます。だからこそ、一所懸命に向き合わなければならないのです。

「自分なんて組織の歯車の一つだ」なんて決めつけてしまっては、もったいない。どんなに小さな歯車であっても一つ欠ければ、大きな機械が動かなくなることがあります。

自分で勝手にちっぽけに思っていたとしても、あなたはかけがえのない、貴重な存在なのです。

31

大道透長安

大道長安《だいどうちょうあん》に透《とお》る

他人の成功法則に振り回されない

何かを成し遂げたい時、どのような方法や手順を選んでいくか。どこかに〝近道〟はないものかと考えてしまいますが、「急がば回れ」の故事のように、近道を選んだつもりが、結局は遠回りになってしまうことがあります。

禅の世界では「接心」という修行期間になると、一日一〇時間くらい坐禅をします。これが本当につらい。慣れないうちは、「わぁー」と叫びながら禅堂を出て行きたいくらいの痛みが体を襲います。

はじめは「半跏《はんか》」といって片足だけを組むやり方からはじめるのですが、足が痛くなってきたら、少しずらすことができます。その瞬間だけちょっと痛みが和らぎ、またすぐ痛くなる。ずらしては和らぎ、また痛くなればずらす。そのくり返しが続きます。

一方で、両足を組む正式な「結跏《けっか》」にすると、はじめはものすごく痛いのですが、足をずらせないので、もうどうしようもない。ある意味、あきらめるしかない。ですが、そのほうが足が早く慣れ、結果的に痛みが続く期間を短くできます。

つらくなるたびにちょっと逃げているうちは、いつまでも慣れません。**たとえ苦しくても一回度胸を決めて、やるべき「道」を選んだほうが、結局は近道になる**のです。

この「道」について説いたのが、「大道透長安」という趙州禅師の言葉です。「すべての道はローマに通ず」のことわざのように、この道は、都・長安に続いている。つまり、「大道」を歩んでいけば、いずれは必ず悟りの世界へとつながるという意味なのです。

◎「うまくいくコツ」はあるのか

「大道」とは、目的までの道筋のこと。禅宗であれば「戒律」のようなものです。我々は悟りを開いたお釈迦様の生活を、規律として形にした戒律を守って生活しています。誤解を恐れずに言えば、戒律は「このように生活をしていれば、お釈迦様と同じようになれるのではないか」という考えのもとにつくられたものです。

もちろん戒律さえ守れば誰もが悟りを得られるというわけではなく、「こういう生活をする中で、悟りに気づいていきなさい」というものです。戒律は悟りという目的にたどり着くための方法や道筋であって、悟りそのものではないのです。

仕事であれば、膨大な作業を前にした時、「何か早く終わる方法があるんじゃないか」と、「五時間かかる作業が一時間で終わるコツ」というようなノウハウが欲しくなる。実際、巷《ちまた》にはさまざまなその種の成功法則があふれています。それらは「こうやればうまくいく」という近道を示しているように思えてきます。

しかし、それらが今の自分が求めるものと完全に合致することはあるでしょうか。状況は千差万別です。目標や目的はあなただけのものであって、道筋はほかの誰とも違うのです。

だから、近道を探して試行錯誤し、成功者のやり方を参考にしてみても、効果があるとは限りません。**状況も経験もスキルもみな違うのですから、全員に当てはまる大道など、そもそもない**のです。自分が歩む道が、唯一の大道。

自分にとっての大道は何なのか。一歩一歩、正々堂々と進んだ先に、目的地が見えてきます。努力をした結果として、成功や成果が見えてくるのが「大道」です。どこかで踏ん切りをつけ、「えい、や！」と思いきらなければならない時がある。

大道を歩んでいくために、余計なことで悩んで遠回りする自分を手放してみてはどうでしょうか。

5章 個性と度胸

「自分らしさ」とはなんだろう

32

曹源一滴水

曹源《そうげん》の一滴水《いってきすい》

どれだけ「心をくばれる」か

いろいろな場面で頭角を現わしてくるような人物は、みな「心くばり」ができる人です。逆に言えば、日常のあらゆることをおろそかにすれば今以上の成長はなく、言葉の端々にまで心くばりのできない人はまわりを傷つけ、人望を集めることもできません。

毎日のことに心をくばることで思い出すのは、京都・天龍寺の滴水老師の逸話です。老師は名前の「滴水」を、禅語の「曹源一滴水」から取りました。曹源一滴水はそもそもは、一滴の水が落ちてさまざまに枝分かれし、禅が栄えていったことを意味しています。

この滴水老師が、修行をしていた時の話です。夏のある日、風呂に入っていた師の儀山善来《ぎさんぜんらい》老師から、湯が熱いので水を持ってくるように言われました。桶《おけ》に残った水を捨て、水を汲みに行こうとしたところ、それを見ていた儀山善来老師から、

「なぜ木の根にかけないのか。一滴も粗末にしてはならない」

と大喝されたそうです。滴水老師は、終生その教えを胸に生きるため、自分で「滴水」という名前をつけることにしました。

蛇口をひねれば流れ落ちる水。現代に生きる私たちは、その水がある生活が当たり

前で、あらためて水のことを考えるなどほとんどありません。私自身、大学生の頃まででそうでした。しかし寺の修行生活で手を洗う時に水を流しっぱなしにしていると、「止めなさい」と注意されます。その後、修行生活を終えて自宅に戻った時、シャワーを浴びながら、「こんなにザーザー流していいのだろうか」と思えてきました。

普通に生きていたらなんとも思わないことでも、朝から晩まで細かく気をくばる。手を洗う、顔を洗う、皿を洗う、掃除をする、洗濯をする。どれも心くばりをしていけば修行になります。逆に言えば、いくら修行道場にいても、細かく心をくばらずにいるならば、なんの修行にもなりません。

◎四〇歳を過ぎて表われる〝実力〟

とある有名なヘッドハンティング会社の社長によると、「だいたい四〇歳を過ぎれば、会社の中での立ち位置や実力が、おぼろげにわかるようになる」そうです。簡単に言えば、「その人がどこまで上がれるか」がわかるのだ、と。

抜きん出る人というのは、目標を持ち、目の前の業務の一つひとつに真剣に向き合ってきた人です。「自分はどんな立場にいるのか」「組織のために何をすればいいのか」「どうすれば目標を達成できるのか」など、きちんと考えながら、どんな作業でもおろそかにしないから、成果と信頼が得られます。

そういう人は人望もあり、さまざまなコネクションを持っているので、その社長に言わせれば、「どんな業界であっても、四〇歳を過ぎた実力者の名前は自然と挙がってくる。だからヘッドハンティングすべき人材を見つけるのは難しくない」のだそうです。

「四〇歳を過ぎて休日に役員から電話がかかってこないような人は、ダメだ」という話も聞きます。役員クラスになると、四六時中仕事のことを考えているので、「あの案件はどうなったのだろう」と、気になった問題をすぐ相談・解決できる存在でないとダメだということでしょう。

頼れる部下のほうも、そんな緊急の電話に着実に対応できるので、お互いの信頼関係も強まります。そうやって身のまわりのことすべてに気をくばり、一所懸命に働いていれば、結果はおのずとついてくるものなのでしょう。

33

東山水上行《とうざんすいじょうこう》

東山《とうざん》、水上《すいじょう》を行《ゆ》く

「不動の自分」と「自在な自分」を合わせ持つ

恐ろしいくらいのスピードで移り変わる現代。世の中の動きに流されたり、逆に取り残されたりせず、私たちはその変化に対応していくことを求められます。

こうした今の時代に考えさせられる禅語があります。

ある時、修行僧が雲門禅師に聞きました。

「いかなるか、これ諸仏出身の処（仏様はどこから来るんでしょうか）」

すると、禅師は答えました。

「東山水上行（東山が水の上を動いて行く）」

東山は中国にある馮茂山《ひょうも》の別名です。私たちは常識で判断し、「山は動かないもの、水は流れるもの」と考えます。しかし、雲門禅師は「仏様がどこにいらっしゃるかは常識では、はかれないことである」と言ったのです。

私たちが思っていた常識が、実はそうではなくなる、ということ。

この教えは、変化の激しい今の時代にこそ突き刺さります。この先、何がどう変わっていくか誰も予測できません。たとえば、当たり前に使ってきたカメラがデジタルカメラになりフィルムが要らなくなったり、ビデオがＤＶＤやブルーレイへと変わったりしてきた。また、車の自動運転も現実的になってきています。

このようなことは、少し前には考えられませんでした。今の時代、「山が動くというくらいの、思ってもみないことが起こる可能性がある」と見て、ちょうどいいのではないでしょうか。

静かな「一人の時間」

物事の「当たり前や常識」にこだわっていると、時代に取り残されてしまいます。グローバル化にさらされる企業はもちろんでしょうが、見たところは昔と変わらないように見える僧侶だって同じです。

たとえば、誰もが菩提寺を持つような時代ではなくなってきました。法要の仕方や、布教の仕方も変わっていくでしょう。いや、変わらざるを得ないし、変わっていかなくてはならないのです。

その変化に合わせて自由自在に変われず、いつまでも従来のやり方にこだわっているならば、それは過去に縛られている状態です。「東山水上行」、頭を柔らかくしていくことが必要なのです。

その一方でやはり、不動のものがないといけない。変わらない部分がないと、安易に流されてしまうだけです。どんどん流されてしまえば行き着く先はわかりません。恐ろしいことです。だから、表面上の変わっていくものと、変わらない自分の芯を持つことが必要なのでしょう。

「坐禅」はその変わらないことの一つです。自分の心と落ち着いて向き合う坐禅で自分の奥底にある本来あるものに気づく。この心の修行は、これから一〇〇〇年経とうが、一〇〇〇年経とうが、きっと変わることはありません。

今はよいもの、悪いもの、必要なもの、不要なものがいっしょくたに押し寄せてきます。**変化と不動の両方をきちんと持っていれば、情報を自分で消化できるようになります。**

そのうえで自分自身の考え方を構築していくために、静かな一人の時間がより重要になるのではないでしょうか。

34

松樹千年翠

松樹千年《しょうじゅせんねん》の翠《みどり》

「我慢」を知る人間の
たくましさ

変わることが必要だという禅語を紹介したばかりですが、禅語には「変わらないこと」の大切さを説くものもあります。「松樹千年翠」（松は一〇〇〇年色が変わらない）という、一見矛盾するような真逆の教えが存在するあたり、まさに禅らしい自由自在さでしょう。

変わらない部分を持つことの大切さ。

「松樹千年翠」、風雪に耐えて、ずっと変わらない緑を保つ松を見れば、「変わらずにいるたくましさ」に気づかされます。

何か一つのことをやり遂げようと思ったら、松が風雪に耐えるように、心を決めて我慢しなければならないことがあるのです。

しかし、昨今、我慢を重んじない傾向があるようです。

環境の影響もあるかもしれません。たとえば、かつては冷暖房が今ほど完備されておらず、本当に寒かったし、暑かった。あるいは、正月はお店が開いていないので、餅やおせち料理を準備しておくしかありませんでした。

しかし、今はどこに行っても快適だし、いつでもコンビニエンスストアは開いています。便利と言えば便利なのですが、便利になりすぎて、我慢する場面が少なくなったように思います。

私が子どもの頃は、両親からよく「我慢しなさい」と言われたものでした。戦前生まれの両親は、もののない困難な時代を経験していたため、贅沢はもってのほか。我慢という感覚が身に染みていた世代です。

○「耐える」という価値

我慢するのは、ものや環境ばかりではありません。

社会に出て現実にぶつかるようになれば、我慢が求められる場面が多々訪れます。特に若い頃は知識も経験もないため、失敗が多く、怒られることもあるでしょう。怒られても我慢してまたやり直し続ける。そうすることで、人は何かを身につけていけるものです。

しかし、大卒新入社員の三年以内の離職率が三〇パーセントを超えると聞くように、最近は我慢が苦手な人が増えているようです。辞めた人は「自分が思っていたような仕事じゃなかった」と言いますが、そんなことは当たり前。働いたことのない人が頭の中で勝手に想像したことと、現実はそう合致しないでしょう。

禅宗では修行は最低でも三年です。

私は一〇年修行しましたが、最近は以前と違ってきっちり三年で帰る人が多くなりました。生まれてからそれまで過ごしてきた生活と修行道場とのギャップは、昔より今のほうが激しく感じるのは間違いありません。

暑い、寒いからはじまって、お腹は減るし、友人とは会えないし、携帯電話はもちろんない。そのため、修行から逃げ出してしまう若者もいます。

しかし、**そういう我慢の時があるからこそ、身につけられるものがある。**つらくても耐えて前に進めば、前よりもたくましく生きられるようになります。

世間の風雪に耐えられる強い心を得るためにも、我慢という経験は必要だと思うのです。

35

竹有上下節

竹《たけ》に上下《じょうげ》の節《ふしあ》有り

礼節をわきまえる

最近は一見、友達のような関係の親と子、先生と生徒、上司と部下の姿が見受けられます。仲がよいのは素晴らしいことですし、無礼講のよさを否定するつもりはありません。

ただ、たとえば、仕事となれば上司と部下、そこにはきっちりと線引きがあるはずです。

「竹有上下節」

とは、「竹には上下の節があるように、人間にも上下の区別があり、節度が守られるからこそ平和な社会が保たれる」という意味の禅語です。仲がよくても、それぞれの立場があり、節度や礼儀を守らなければ世の中が成り立たないことを示唆しています。

「本来無一物」（122ページ参照）のように**「もともとは何もない」と言いながら「きちんと上下はありますよ」とするのが禅の面白いところ。**わざと背反するようなことを言うのは、「一つの型にはまってみないと型から出ることはできない」と考えるからです。

型と言えば、「無」や「自由自在」を説く禅宗ですが、その修行道場は、まるで軍隊のように厳しい規律があります。まず、道場にたとえ一秒であっても先に入門した者が、あとから入門した者よりも一生涯、上の立場になります。

そして、箸の上げ下ろしから、歩き方、坐り方、お辞儀の仕方……前にもふれたように、すべてをこと細かに注意されます。修行当初は「何が自由だ」と思ったものです。一歩歩けば怒られ、立っても坐っても怒られ、仏様の前ではどちらから回れと叱られるのですから。でも、それが自分の身についた時、「なるほど、型は理にかなっていたんだな」と気づくことができるのです。

「型」があるから自由がある

文章ならば、「てにをは」や「起承転結」などの基本の型やルールを身につけてこそ自在に操れるようになる。絵の世界であっても、あのピカソだって、若い頃はデッサン力の素晴らしい作品を数多く残しています。一流と呼ばれる人は誰しも、例外なく基礎をきちんと身につけているのです。

社内においてもただ自由にふるまうだけなら、それはただの傍若無人でしょう。互いの立場をわきまえ、尊重したうえで関係性というものが築かれていくのです。

一休和尚の逸話でこういうものがあります。ある信者の法要の時に、一休和尚はボロボロの袈裟を着て行きました。すると、

「お前のような坊主は来なくていい」

と追い出されたので、次はキレイな袈裟を着て行くと「どうぞ、どうぞ」と通された。一休和尚は、

「あなたが拝みたいのはこれなんでしょう」

と、袈裟を脱いで置いて帰ったそうです。

こういう突拍子もないことばかりをするのが禅だと思われても困りますが、風刺めいた話としては面白いでしょう。きちんと型通り修行して型を身につけ、その上で型がないことも理解して諭している。それが禅の教えです。

型を知ることも必要。自由になることも大事。極端に思える二つのどちらかに偏ることなく「中庸《ちゅうよう》」であれというのは、礼節と無礼講の両方を理解しておくことなのです。

36

一花開天下春

一花《いっか》開《ひら》いて天下《てんか》春《はる》なり

日々、「成功の花」は咲く

ある人が、春がどこにあるのか探しに行きました。一日中、野山を歩いてみたけれど、どこにも春は見つかりません。帰ってきて、自分の家の庭に一輪の花が咲いているのを見つけて、

「ああ、花が咲いている」

と思うのです。春だ、と。それが「一花開天下春」という禅語です。

禅では花は「無心」の象徴と考えられ、悟りを表わしています。仕事で言えば、成功にたとえられるでしょうか。

ここで注目したいのは、「自分が思ったような花が咲くことは、ほぼない」という事実です。人間、何かやりはじめたら、

「こうなったらいい、ああなったらいい」

と思うものです。春を探していた人も、野山を歩いているうちは、一面に花が咲き乱れている光景とか、何かしら春のイメージを持っていたのでしょう。

この、「思うような春」「描いていた成功」は、勝手に抱いている妄想にすぎません。妄想の花や成功は、現実と違うのは当たり前です。そうであるならば、いっそこう思ってみてはいかがでしょうか。

「どこにでも花は咲いている」

それは一見してわかる幸運の花かもしれないし、時には不幸の形をしていることもあるかもしれません。

しかし「人間万事塞翁《さいおう》が馬」の故事のように、馬が逃げることも足をケガすることも、次の花を咲かせるための機縁かもしれない。

そう思いを馳せていくと、**私たちの日常には、気づいていないだけであって、毎日、そしてどこにでも花が咲いている**のではないでしょうか。

花は大きく咲かなければならないのか

私たちは、さまざまな人と人とのつながりの中で生きています。

そうであれば、人との「出会い」も、花と言える。一つの出会いが次の出会いも生み、そうして新しいご縁がつながっていけば、そこにまた新しい花が次々と咲いていく。

私たちは、仕事がうまくいって著しい成果が上がることや、結婚のような人生での大きな区切りが、「花が咲いた状態」だと思っているところがあります。しかし、そんな大きなものでなくてもいいのではないでしょうか。

どんな些細なことでも、花が咲いていると考えてみるのです。その花は今後どうなっていくかはわかりません。もしかしたら、もっと大きな花をつける可能性もあります。

今そこにあるものが花だと気づけば、もっと幸せに生きられます。**他人や世間より、自分がどうとらえるか**です。

毎日花が咲いていると思えば、今日という一日がちょっと違って見えてくるのではないでしょうか。

37

不思善不思悪《ふしぜんふしあく》

「評価」は
その人の本質を表わせない

とかく人からの評価は気になるものです。それが励みになるうちはいいのですが、あまり気にしすぎると本来の自分を見失ってしまいます。

そんな評価のせいで他人から妬まれ、疎《うと》まれ、蹴落とされかけた禅師が中国にもいました。

五祖弘忍禅師から跡継ぎとして指名された、六祖慧能禅師の話です。

弘忍禅師は若い慧能にはじめて会った時に、「ただものじゃない」と感じたのでしょう。すぐに出家させるといじめられるかもしれないと、慧能にしばらく寺の下働きをさせました。そして、「本来無一物」（122ページ参照）の項でも出てきた慧能の詩を読んで、いよいよ自分の跡継ぎにしたのです。

昨日まで寺の下働きをしていた者が跡継ぎになったら、そのまま道場にいるとまわりの修行僧に妬まれるに違いないと心配した弘忍禅師はどうしたか。跡継ぎとする証に衣鉢（85ページ参照）を与え、「数年間は山に籠っていなさい」と慧能を逃がしたのです。

しかし、慧能が跡継ぎに指名されたという話はあっという間に広まり、慧能を跡継ぎにはさせじ、という者が現われました。その一人、慧明が追いついて衣鉢を奪い取ろうとする時、慧能が説いたのが、「本来面目」の項で出てきた、「不思善不思悪（善も思わず、悪も思わない）、すなわち善悪の一念も生じない時、汝（慧明）の本来の面目はいかなるものか」

という言葉（85ページ参照）でした。

「飾るもの」をすべて取っ払った時

善悪はこの世にいやおうなしに存在します。ただ、その時々の価値観で変わることもあります。

極端な例で言えば、戦国時代ならば殺し合うことも正当化されるかもしれません。禅は、そんな善悪を超越したところに物事の本質が見えてくる、と説くのです。だからこそ、戦国武将たちが禅の教えに心酔したのでしょう。

善も悪もない境地。それは、現代であれば、評価にとらわれずに人間性を見るということではないでしょうか。私たちはどうしても、肩書きや経歴、たとえばレストランであれば星がつくかどうか。身近なところでは、フェイスブックで「いいね」がどのくらいの数か、ということまで気にしてしまいます。

講演会で紹介される私のプロフィールは、「学習院大学卒業、龍澤寺《りゅうたく》入山下山、全生庵住職」といった具合です。有名な人が寺に来ているとか、どんな本をどれくらい出しているかとか、「もっとほかにないんですか」と言われますが、これで十二分でしょう。どなたがいらしているかなどは、世間の評価であって、私自身ではないからです。

人は何かの基準にあてはめたくなるものです。しかし、**評価を取り払ったところにこそ、本来の自分がいる。**人間性とは評価しきれない部分なのです。

「何がなんでもあの賞を取るんだ」

と、賞や評価を追いかけはじめると、もはやそれに振り回されるだけ。

目標として「社長になる」というのはいいのですが、それが高じると、ライバルや自分の出世にとって邪魔になる人たちを引きずり下ろすようなことになりかねません。

評価は、目標にして励みにするとか、見合うように努力しようととらえるくらいが、ちょうどいいのでしょう。

38

明歴歴露堂堂《めいれきれきろどうどう》

隠したいものほど、
隠せない

今やっていることに、その人のすべてが表われています。

それなのに、つい、私たちは「ここは見てもらいたい、こっちは隠そう」などと思ってしまいます。ですが、隠そうとしてもバレています。あわてて背筋を伸ばしたり、急に言葉づかいを丁寧にしたりしてみても、うわべを取りつくろっているにすぎません。

「明歴歴露堂堂」——はっきりと、目の前にあるものにすべてが表われている、という意味の禅語です。

坐禅は何も語らず坐っているだけですが、当然、坐っている姿勢にその人の気力、やる気、体力などが表われてきます。ただ坐っているだけだからこそ、逆に隠しようがないのです。

私たちは話さなければ伝わらないと考え、たとえば、作業の段取りを一から一〇まで説明して、部下や後輩たちに理解させたと思っています。しかし、仕事に向かう気持ちや姿勢など言葉にならない部分もあなたの態度に全部表われていて、彼らはそういうところもしっかりと見ているのです。

商談をする時だってそうなのではありませんか。交わした書類だけでなく、あなたの手や足の動き、言葉づかい、相槌《あいづち》の打ち方、表情などすべてを見られています。ただそこにいるだけで、あなたという人間そのものが、ごまかしようのないくらい表われるものなのです。

○人を見る目、自分を見る目

その一番隠していない例が自然界です。草木も花も、何も隠していません。散っていく姿が恥ずかしいとか、葉っぱがついていない姿が恥ずかしいとか、そういうことはない。だから私たちは、自然を見て気づかされることが多いのです。

人間で言えば、赤ん坊は何も隠しません。恥ずかしいと感じることがないから、どこに行っても平気で泣きます。

何も子どもにかえれ、好き放題のことをしろ、というのではありません。**大人は、自分にとって都合の悪いものを無意識のうちに隠そうとするのだな、と知っておくことが大事**だと思うのです。

そして、いくら都合が悪いものを隠そうとしても、隠しているつもりなのは自分だけで、全部表われているものだ、ということを忘れてはいけません。

本来の姿は、すでにみんなに見られているのだとわかれば、我が身を振り返って、どう物事に向き合うか、どう心構えを持つかを考えはじめるでしょう。

ミスをしたら隠すのではなく、非を認めて次にどうするか。人間関係では何を大切にするのか。たったそれだけで、堂々とした生き方という姿に表われてきます。

そんなあなたの姿を、人は見ています。先輩や上司のことを後輩や部下は実によく見ているものです。子どもが親を見る目だってそうでしょう。

私の姉は小学生の頃、父の法話を聞いて、「お父さんは言っていることと、やっていることが違うよね」と言ったそうです。父親が参加者に向かって、どんなに美しい言葉で諭しても、普段の姿を全部見ている娘には効かなかったわけです。

そのうち、私も自分の子どもたちから同じように言われるのでしょう。まあ、しかし、それもやはり私。ごまかしようがないので、堂々としているしかないのですが。

39

百尺竿頭進一歩《ひやくしやくかんとうしんいつぽ》

百尺《ひやくしやく》 竿頭《かんとう》に一歩《いつぽ》を進《すす》む

「度胸」を決めたら
思いきって飛んでみる

以前、あるテレビ番組から、バンジージャンプを飛んでほしいと依頼されたことがありました。高いところから危険をかえりみずに飛び降りるという不安や恐怖を感じる場面で、一般の人と禅の修行をした僧侶はどう違うのか。そんなテーマで、テレビ局のスタッフが、私の知人に「紹介していただきました」ということで、やって来たのです。

私はそのスタッフに「あの人が断ったから私のところに来たんでしょう」と軽口を言いながら、「これは面白い」と思いました。坐禅の効果が目に見える形で表わされたことはほとんどありません。はたして、坐禅修行をした人は、坐禅をしたことがない人とどういった違いが出てくるのか。

ただ、一方で考えました。もし悪い結果が出たら、私一人の問題でなく、修行とか坐禅についてのマイナスの印象を視聴者に与えてしまうかもしれない。少し悩んだのですが、結局、誰もやったことがないからこそやってみるか、と引き受けました。

最初に飛んだのは番組のスタッフの一人、アシスタントディレクター。私はその場にいなかったのですが、彼は飛んだあとに腰が抜けて立てなくなったそうです。次にいよいよ私の番。飛ぶ前に、バンジージャンプのインストラクターに「どうやって飛んだらいいですか」と聞いたら、一〇〇メートルくらい向こうの橋を指して「あの橋に届くイメージで飛んでください」と言います。「了解！」と答えてジャンプ。四〇メートルくらい下に一気に落ちていくのですが、面白い経験でした。

◎「考えても仕方のないこと」は考えない

結果は、僧侶のほうが落ち着いて飛ぶことができる、つまり修行の効果があるという数値が出ました。よかった。ほっとしました。私の前に飛んだスタッフの人から、「住職は怖くないんですか」

と聞かれました。彼は高いという恐怖に加えて、「あそこの岩にぶつかったら、死ぬんじゃないか」「このゴムが切れたら、死んでしまうんじゃないか」と考えていたそうです。

私だって、高い場所から飛ぶのだから恐怖は感じます。ただ、「死ぬのではないか」とは思わなかった。「なぜ？」と聞かれてもわかりません。もし、いろいろ考えることでゴムが切れなくなるならいくらでも考えますが、切れる時は切れるものでしょう。考えても仕方のないことは考えない。それが私の生き方です。

この高いところから「えい、や！」と覚悟を決めて飛ぶように、極限の状態からさらに一歩を踏み出す、**「百尺竿頭進一歩」**という禅語があります。「すごく高い竿《さお》のうえ、いわゆる悟りの極致から、もう一歩進まなくてはいけません」という意味です。

お釈迦様も悟りを開いた時に、体験した悟りを言葉や文字で人に説いて、それがわかってもらえるだろうかと、はたと考えたそうです。「無駄な努力、ただの徒労でしかないだろうか。絶対にわかってもらえないんじゃないだろうか」と。そこから立ち上がった時から、仏教というものができあがっていきます。

私たちは仕事にしろ、何にしろ、度胸を決めなければいけない場面に必ず遭遇します。男の一生、生涯のうちで幾度かは、命までとは言わずとも、**肚をくくって自分自身を投げ出してジャンプしてみる**ことがあるはずです。

一所懸命挑戦して失敗したり、勇気を振り絞って告白をしてもふられたりしたら、たしかに傷つきはしますが、同時に必ず身になっていることが何かあるはずです。

「失敗するのがイヤだ」「傷つくのがイヤだ」とやらないのであれば、その人は結局、生涯何もしないことになるでしょう。

40

滅却心頭火自涼

心頭《しんとう》を滅却《めつきゃく》すれば火《ひ》も自《おの》ずから涼《すず》し

ハッタリでも、
いずれ本物になる時が来る

時にはハッタリで自分を大きく見せたっていい。人というものは、面白いことに、見栄を張っていればいずれ、その外面に見合うように中身も成長していくものです。

「**滅却心頭火自涼**」は、中国の詩人・杜荀鶴《とじゅんかく》の「夏日悟空《ごくう》上人の院に題す」という七言絶句の第四句です。悟空上人は炎暑だというのに、門を閉ざし、法衣をまとって坐禅をしていました。そこには木陰になる一本の松や一株の竹もありません。それでも「妄想や執着心を断ち切れば、暑さも苦にならず、むしろ涼しいものだ」という意味です。

日本人にとっては、織田信長が甲斐の恵《え》林《りん》寺を焼き討ちにした際に、快川紹喜《かいせんじょうき》和尚が「安禅《あんぜん》必ずしも山水を須《もち》いず、心頭滅却すれば火も亦《ま》た涼し（原典は火も自ずから涼し）」と言い残して亡くなったという話が有名です。

この禅語は、**直面する苦悩から逃げるのではなく、暑さなら暑さに徹底して自分を同化させれば、苦悩は消滅してしまう**という意味です。ただ、一般的にはやせ我慢や見栄の意味を込めることも多い。「熱いはずの火だって、自分には涼しく感じるよ」と。

禅語の本来の意味とは関係がありませんが、たまにはこのやせ我慢もいいと思うのです。禅では「見栄など張らない」というのが基本的な態度ですが、実生活の中では時には見栄を張ることも必要だと思います。

真冬の修行道場は身を切られるように寒いのですが、互いに切磋琢磨している状況で「寒い」とは言えません。本当は寒かったけれどやせ我慢して、いつも「寒くない」と言っていました。あるいは修行中、「どうしても、こいつにだけは負けたくない」と見栄を張ることで、頑張れることもありました。この場合の見栄とは、「金がなくても派手なことをする」という意味ではなく、精神的な部分でのハッタリです。

若くして父の跡を継いだ私は、お話しする席で、さも世の中の道理がわかったふうにハッタリだけで話していた時期があったかもしれません。不思議なことに、何度も何度も話していくうちに、最終的には中身のほうも調っていくものです。

このように一度大きく出ておいて、あとから中身を充実させていくのは、これはこれで、今の自分の枠を突破する一つの方法だと思います。

◎「なりきる」ことでその器になっていく

上に立つ人間には、自身の覚悟も必要ですが、下の人によって上に立たせてもらっている点も大きいと感じます。最初からそうあったのではなく、まわりがそれらしく扱うことで、ふさわしくふるまうようになり、新たな考えや責任感が生まれ、立場に見合う器になっていくのです。

親子だってそうです。お父さんには格好をつけさせてあげたい。妻や子どもが「お父さん」として扱うから、「お父さん像」がだんだん固まってくるようになるのでしょう。**スタートが見栄でもハッタリでもいいじゃありませんか。最終的に内面も外面もよくなれば、それが本当の自分になる**のです。

「君子危うきに近寄らず」という言葉があります。ただ、危ないことからひたすら逃げていても、結局どこかでぶつからなければならない時が必ずきます。前の「百尺竿頭進一歩」にも通じますが、「えい、や!」と思いきって飛び込むことが必要になってくる。

そして、「暑い時には暑い時になりきる」「組織のトップならばそのトップになりきる」「父親は父親になりきる」ということを続けていけば、ハッタリだった形が本物になります。

そういう意味では、やせ我慢や見栄も、決して悪いことではありません。

41

不風流処也風流

風流《ふうりゅう》ならざる処《ところ》また風流《ふうりゅう》

そのままでいい、
それが自分の「個性」

「個性が大事」とよく言われます。しかし、そもそも私たちは一人として同じ人間はいないのですから、誰もがあらかじめ個性を持っています。そんな声高に個性を主張しなくても、そのままで十分個性があるはずでしょう。

この「そのままでいい」ことを表わした禅語が、「不風流処也風流」です。「風流でないところが、かえってまた風流であり、妙味がある」。つまり、「それはそのままで、実は風流なんだよ」という意味です。

私たちも一人ひとりそのままで十分それぞれの味わいがあるのに、必要以上に自分を主張したり、人との違いを探したりしてしまいます。昨今は、「自分の考えが言える」「自分のことをきちんと表現できる」といった能力がより必要とされているようです。

単に変わり者で個性的だと言われる人を真似しても意味がありません。川柳に、

「一休の真似して寺を追い出され」

というものがありますが、たしかに真似では風流になりません。自分で「こういうことがきっと風流だな」と思うようなことも風流ではない。あくまで自然なふるまいを他人が見て、「ああ、これは」と感じたものが風流です。

あえて人と違うことをしたり、違いを探したりする必要性はないのです。

◯「十人十色」なはずなのに

たとえば同じマニュアルを使ったとしても、ある人はそのマニュアル通りに進めるかもしれないし、別の人は自分なりにアレンジして進めるかもしれない。それぞれが自分なりの方法をやっていくものです。

物事にアプローチする方法は十人十色。もともとはみな違う人間なのですから、それが普通です。

ただ、人それぞれの違いがあることを認められないと、

「なんでそういうやり方をするんだ」

と気になったり、勝手にいらだったりしてしまうかもしれない。自分と同じ人間なんていないのですから、**少し肩の力を抜いて、人との違いを「そうなんだ」と思うくらいで、受け入れられるといい**のではないでしょうか。

また、私たちはそれぞれが自己主張をしなければ、と思い込んでいる一方で、みんな

など同調したがる傾向もあります。

たとえば、最近よく見かける大学生のリクルートスーツ。就職活動をスムーズに進めるために必要なのでしょうが、みんなが同じようなスーツに身を包んでいるのが、不思議な光景に見えてなりません。

私たちは、人と違うところに自分を見出して安心する一面もあり、反面、リクルートスーツのように人と同じであることに安心する一面もある。すべてはこの「安心したい」という気持ちからきているのでしょうか。

人間は存在するだけで個性的です。

同じであることのほうが実は難しいのですから、お互いを「そのまま」認めてみると、もっと人間関係が和らいでくると思いませんか。

6章 命と心

「どう生きる」のか、「どう生きない」のか

42

随処作主立処皆真

随処《ずいしょ》に主《しゅ》と作《な》れば立処皆真《りっしょみなしん》なり

いかなる境遇であろうと、
「主体性」を持つ

人生、時として、自分の意に反する境遇に陥ることがあります。

たとえば、望まない立場や任務を与えられることがあるかもしれないし、急に仕事がなくなることもありうる。

そういう時、不満に思ったり、反発するのではなく、どうすれば自分らしく生きていくことができるか。

そのヒントを教えているのが、『臨済録』にある有名な言葉、「随処作主立処皆真」（いつでも主体性を失わず、「主人公」を自覚して精一杯生きていけば、その場その場で真実を把握することができる）です。

いかなる状況であろうと、主体的に一所懸命に励めば、あなたがそこにいる意義が見えてきます。たとえば、

「こんなところにまわされて、我慢するしかない」

「こんなことしかできないなんて、納得できない」

と思うのではなく、自分が「主」になる。今、自分ができる範囲の中で何をするべきかを意識して、ひとまず取り組んでみるのです。

どんな立場であれ、私たちが物事をとり行なうにあたっては、何かしらの制限があ

ります。それは一国の総理であろうと、企業のトップであろうと、新入社員であろうと同じです。自分のやりたいように、思うがままにできることはありません。どういう立場でも、なんらかの制約はついてまわります。

そんな時に、「やらされている自分」という姿は、あなたがつくり出している苦しみです。

「今ここではこれをしよう」と主体性を持って生きていくことができれば、自分がやっていることが血肉になっていくでしょう。

◯「やらされている」のか「やっている」のか

修行というと、どうも特別なことをするというイメージがありますが、我々はみなさんと変わらない日々の生活を送りながら修行をしています。たしかに坐禅をする時間が長かったり、お経を読んだり、特別なことはありますが、それ以外は食事をしたり、掃除をしたり。どこにいても、何をしている時でも、心がけ次第で修行になると教えられています。

そのためには、動作やふるまい、作業など、基本的なことを学びながら、一つひとつにどれだけ自分が「主人公」になっていけるのか、そこを追求することが大事です。自分から「修行をしよう」という気持ちになった時、それがはじめて本当の修行になります。もし、「やらされている」「仕方なくやっている」と思うのであれば、長くは続かないし、なんの身にもならない。何より苦しくなる。タガが外れた時には、すぐに逃げ出したくなります。

イヤイヤながら修行をしていたら、修行期間が終わった瞬間に、やめてしまいます。禅宗は日々の積み重ねで心を磨くことを大切にしますが、それも元の木阿弥《もくあみ》になってしまう。たとえるならダイエットのようなもので、目標に到達した瞬間に「やーめた」となれば、あっという間にリバウンドするのと一緒です。

それはやはり、体でも心でも、そして仕事でも同じことです。ある程度のところまでできるようになったからといって、投げ出してしまえばそこでおしまい。

何事も少しずつ衰え、さびついてしまうので、常に磨き続けていかなければいけません。主体性を持つにはどうしたらいいか。「やらされている」と思った瞬間、一八〇度変えて、「よし、やってみよう」と気持ちを切り替えてみることでしょう。

43

一日不作一日不食

一日作《いちじつな》さざれば一日食《いちじつく》らわず

普段いい加減な人間は、
結局いい加減

普段の態度はいい加減だけれど、やる時はちゃんとやる。そういう人は格好がいいようですが、人間なかなかそううまくはいきません。

たとえば、働くことと食事をすること。一見関係がないように思えるどちらも修行としては同列にある、と説いているのが百丈懐海禅師です。

八〇歳を過ぎた百丈懐海禅師は、日中は修行僧たちと一緒に「作務《さむ》」、労働をしていました。ある日、修行僧たちは禅師の体を案じて、作務に使う道具を隠してしまったところ、禅師が食事をしなくなったのです。理由を尋ねると、答えました。

「一日不作一日不食」

これは、「一日何もしていないから、何も食べる権利がない」とか「働かざる者は食うべからず」という意味ではありません。

基本的に禅では、何をしていてもすべてが修行です。坐禅も修行、掃除も修行。もちろん作務も修行です。作務は全員が公平に力を出してする労働なので、自分だけ作務をしないなら、食事もしないと禅師は言ったのです。労働と食事はイコールで、同列なのだということをこの禅語は意味します。

もともと、インドの仏教は労働をしません。労働でつくった作物には所有欲が出てしまうので、一切の生産活動はせずに、食事は托鉢で賄《まかな》われています。しかし、仏教が中国に入った時に、労働（作務）は自分を磨く大切な修行だ、という位置づけになり、日本の禅宗でも同じように重んじられているのです。

◯変わるきっかけは意外なところに!?

日常生活のすべてが修行です。坐禅の時だけ心を落ち着けようと努めて、そのほかの時間はそんなことは一切忘れて自分の心が荒れるままにしているなら、坐禅は何一つその人のためになっていない、いわば「死んでいる禅」です。

坐禅で培ってきたものはほかの作務にも生かすことを求められるし、逆もまたしかり。「行坐一致《ぎょうざいっち》」が重要視されます。

ということは、普段いい加減な人は、ほかの時もできていないということでしょう。**一つひとつの作業を大切にできない人は、何も大事にしていない**のです。

ある高校野球の監督が、

「子どもたちを指導していくには、まず、その私生活から見直します」

と話していました。寮に一緒に住んで、朝起きる時間を守る、食卓に出されたものは残さず全部食べるなど、一から教えていかないと野球が本当には強くならない、と。

合点がいきます。**あれはやるけど、これはしたくない、そういうことをくり返していたら、総合的には強くはなれません。**日常生活でくり返すことは、練習でもどこかそんな気持ちが残ります。

自分が好きなことは一所懸命にするけれど、ほかはいい加減にしていたら、結局はダメになっていくでしょう。

もちろん、何かにだけ秀でていたり、破天荒だけれど結果だけは残していたりといった人はいます。ただし、ごく稀《まれ》なケースです。

もし何かで伸び悩みを感じているのであれば、普段の自分を見直してみるのも一つの手でしょう。どこか無意識のうちに、ぞんざいにしているものがないか。もしあればチャンスです。変化のきっかけがそこにあるのですから。

44

至道無難唯嫌揀択《しどうぶなんゆいけんけんじゃく》

「自分の価値観」を一度、
横に置いてみる

自分がどんなにいいアイデア、いい手法だと思っていても、相手の要求に応えられなければ、一方通行で終わってしまうことがあります。

そんな独りよがりになりがちな私たちを戒めてくれるのが、禅宗の始祖達磨大師から数えて三番目の三祖僧璨《そうさん》禅師が残した禅語です。

「至道無難唯嫌揀択」

これは、「仏教の極意にいたるのは決して難しいことではない。選り好みしなければいいのです」という教えです。この「揀択」は二元対立から取捨するという意味。ですから、

「これは欲しい、これは欲しくない」

「これは正しい、これは間違っている」

「これは好きだ、これは嫌いだ」

と、選ばなければいいのです。

人間は考える生き物です。目の前にあるものを、自分の意見や意思、判断を交えずに受け入れることは、なかなか難しい。見た瞬間、聞いた瞬間、出た瞬間に、いろいろな思いが浮かんできます。そこから執着が生まれ、執着することで苦しみが生まれ

てくる。

たとえば、人がせっかく教えてくれたことに、

「いや、でも」

「この方法はあんまり好きじゃないな」

などと思ってみたり……。もし素直に受け入れることができたら、そこに余計な悩みの連鎖はなくなるはずです。

○「素直さ」がもたらしてくれるもの

たとえば、自分では「いい仕事をした」と思ったものが、注文したほうからしてみれば、希望通りではないものができあがっている、というケースがあるかもしれません。

「いやいや、そうじゃなくて、こういうものをつくってほしかったのですが」

「いやいや、こっちのほうが絶対にいいですよ」

「いやいや、違います」

と平行線に。どんなにいいものでも、求められていることに応えられていなければ意味がないのです。力を尽くして、一所懸命やっても受け入れてもらえず、ただ自己陶酔しただけ、という結果になってしまうでしょう。

「どうすればうまくいくのか」

と考えた時、**「自分がどう取り組むか」ということと同時に、「何を求められているのか」を忘れてはいけない**のではないでしょうか。

私自身、講演を頼まれた時は、「演題はそちらで決めてください」と伝えるようにしています。あえて私を呼んでくださったということは、一般向けの講演会であろうと、企業の社員研修であろうと、何か意図があるはずです。必ずしもその意図にそった話ができるとは限りませんが、できるだけ応えたいと思うからです。

自分自身の価値観による判断を横に置いておいて、相手の声に素直に耳を傾けてみませんか。自分の好き嫌いやこだわりをなくしてみると、自分が何をすべきか、何ができるか、思いがけず見えてくることがあるでしょう。

45

行亦禅坐亦禅

行《ぎょう》も亦禅《またぜん》、坐《ざ》も亦禅《またぜん》

一見「関係のないこと」が
生きてくる

あるサッカーチームの話です。監督が選手控室に行ったら、選手が自分たちのユニフォームを踏みつけたまま、話したり準備したりしていたそうです。そこで監督は怒った。

「お前たちはチームとしてのプライドはないのか。そんなことでいい試合ができるわけがないだろう！」

ユニフォームを踏みつけていたことと、試合に勝つこととは一見なんの関係もないように見えます。しかし、その姿勢が日常生活だけでなく試合にも影響してくるのです。**その人がやることは、すべて「心」というレベルでつながっている**からです。

それをよく表わした禅語があります。

「行も亦禅、坐も亦禅、語《ご》黙《もく》動《どう》静《じょう》、体《たい》安《あん》然《ねん》」

「行くことも坐ることも禅で、坐禅するだけが禅ではない。人と話している時、黙っている時、体を動かしている時、休息している時、それらすべて、禅でないものはない。だからこそ心身ともに安泰となる」

という意味です。

私の寺の坐禅会にはビジネスマンをはじめ多くの方が参加されるのですが、私はみ

なさんに、

「坐禅が終わって、『ああ、終わった』と帰るのでは、坐禅をしていることになりません」

とよくお伝えします。坐禅をしている時だけが修行ではないのです。

「器の置き方」でわかること

一度、歌舞伎役者の若いお弟子さんたちを何日か預かったことがあります。

禅宗のお寺、特に修行道場では「音を立ててはいけない」という決まりがあり、食事をしている時も同じです。器を置く時も、音がしないように静かな置き方をしなければなりません。

しかし、その子たちはバーン、バーンと鳴らして置くのです。一般家庭では、どう置くかなんてあまり気にしていないですからね。

「うるさい！　バンバン置くな！　だから、お前は踊りが下手なんだ！」

と注意すると、「器と踊りは関係ないじゃないですか」と言う。

「いや、関係あるよ。こうバーンと置くのと、これだけ静かに置くのと、どれだけ指先に気を使う?」

踊りも、最後の指先まで神経が行き届いていなければ美しく見えません。踊りの訓練は、たとえ踊らなくても、日常の些細な動作で訓練できる。そう思って気をくばることが大切でしょう。

仕事をしていると、規模の大小や、やりがいのあるなしで、

「こんな仕事はしたくない」

と思ってしまうことがあるかもしれません。しかし、**「イヤだイヤだ」と思っているうちは、工夫や心くばりをしようという気には、なかなかなれません。**そういがなくなると、「ちょっと工夫してみようかな」となってきます。そうした工夫は、たとえどんな小さなことであろうと、それを思いついたことや試した経験が、今後に生かされていくものです。

もしそのタイミングで人からほめられれば、大きく変わるきっかけにもなるでしょう。

46

天上天下唯我独尊《てんじょうてんげゆいがどくそん》

自分で自分を大事にする

お釈迦様がお生まれになった時の逸話です。右手で天を指し、左手で地を指して、こう叫ばれました。

「天上天下唯我独尊」

これは聞いたことがある言葉だと思いますが、誤解されることが多い禅語の一つです。特に「唯我独尊」の部分が、「俺が俺が」「自分の勝手し放題」のように使われることとさえありますが、もちろん、そのような意味はありません。

自分自身の存在がこの世の中で一番尊い、つまりは、すべての存在が尊い、という意味です。

ですから、やはり人を傷つけてはいけないし、ましてや人の命を奪うなどということは、ありえない。善悪で判断するものではありません。まずは、自分は尊いと自身で信じていかなくてはなりません。

生きていれば、落ち込む時はあります。挫折もやってきます。人間関係でダメージを受けることもある。

「何をやったってダメだ」

と、思いたくなる時もあるかもしれませんが、そこからどうするのかは、自身の心のありようで変わってきます。ここからは自分の責任。厳しいようですが、自分で自分を大切にできなかったら、何も変わりません。

◯鍛錬すれば立派になるわけではない

「自分はこの世でかけがえのない存在なんだ」と信じることができたら、挫折に引きずられることもなくなるでしょう。この考えを、自分の心の奥深くにきちんと持っていればいいのです。

今は多くの人が自分のことを外に表わしすぎているかもしれません。「自分はこういう人ですから」からはじまって、プライドやモットー、ポリシーなどを、まるでそれを自慢しているかのように競って表明している場合すらある。

それらは自分を律していくためには必要ですが、わざわざ表に出さなくてもよいものです。本当に大事なものは、口に出せばかえって薄っぺらになってしまう。

この「天上天下唯我独尊」も同じでしょう。自分自身で信じていなければなりませんが、それは決して言葉で表わせる気持ち、感情ではないのです。

さて、このお釈迦様の逸話。赤ん坊が生まれた瞬間に歩き出し、天地を指さしてこの言葉を叫ぶなどということが、現実にあるわけがない。

では、なぜこのエピソードが語られ、この言葉が必要だったのでしょうか。何を伝えたかったのでしょうか。それを考えることが大切です。

面白いのが、これは悟った瞬間の言葉ではなくて、お釈迦様が生まれた瞬間の「オギャー」を「天上天下唯我独尊」という言葉にしていることです。**人は修行をすれば尊くなるとか、修行して悟りを開いたら尊くなるとかではなく、みんな生まれながらに尊い**のだ、ということをよく示している言葉なのです。

「生まれながらに尊い」ということを信じて自分自身を大切にできれば、どんな出来事に出会っても自己肯定ができます。「天上天下唯我独尊」、そう、これはあなたのことなのです。

47

神通並妙用運水也搬柴

神通並《じんずうなら》びに妙用《みょうゆう》、水《みず》を運《はこ》びまた柴《しば》を搬《はこ》ぶ

「変化」や「刺激」が
欲しくなった時

人間とは勝手なものです。何か起これば心を悩ますのに、逆に何も起きなければ、なぜか退屈に見えてきてしまう。私たちは同じことをくり返していると、変化や刺激を求めざるを得なくなるのでしょうか。

「神通並妙用運水也搬柴」

という禅語があります。

「いつものように水や柴を運んだりする日常が、神通力のような、奇跡のようなものです」

という意味です。「神通」は神通力、超越的な力のこと。「六神通《ろくじんずう》」といって、仏様は見えなかったものが見えたり、聞こえなかったものが聞こえたり、他人の考えていることがわかったり、自分の過去世のことがわかったりする六つの神通力を持っているとされています。

「妙用」は奇跡のような働き、という意味。とかく人は奇跡が好きなものです。教祖様というのは必ず奇跡を起こせるはずだ、と思っているふしがあります。また、修行をしたら、「あれだけやったら、何か力がついているだろう」と勘違いしがちです。はっきり言っておきたいのは、修行したからといって、人間に特別な力がつくことはありません。特別な何かは起こらないものなのです。

"慣れ"から抜け出すには

日常をつまらないと感じることがあれば、そうしているのは自分自身です。そうであれば、「飽きた」「つまらない」と言っているだけではなくて、変化を自分で起こしてみる手があります。

人は自分の中に核となる部分を持っていなくては流されてしまいますが、まわりの変化に合わせて変わらなければいけない部分もあります。

一日も同じ日はないのです。

修行道場では、薪《まき》で米を炊きます。同じことのくり返しのように見えますが、実は毎日、状態は違います。まず、薪での火加減なので火力が一定ではありません。また、季節で米の鮮度や水温も変わります。環境は日々、いやその瞬間、瞬間で変わっているのです。

ですから、最初は大変でした。そもそも大きな釜で何升も米を炊くなんてはじめてでしたし……。焦げたり、芯が残っていたり、先輩からずいぶん叱られたものです。そうした中、ちょっとした工夫を重ねることで、なんとか一人前になっていきました。

同じようなことが毎日続くと人間は慣れてしまって、だんだん無感動になります。プレゼントも、毎日もらっていれば当たり前になり、ありがたみがなくなる。たまにだからいいこともあるわけです。

時々は、自分の一日を見直してみてはどうでしょうか。いくらでも工夫をして変化させることができます。たとえば、三〇分早起きしてみる、行ったことのない店に入ってみる、いつもと仕事の段取りを変えてみる、長らく会っていない人に連絡を取ってみる。まだ試していないことがたくさんあるはずです。

子どもを見ていると驚かされます。昨日できなかったことができるようになる。毎日確実に変化しています。彼らのようにはいかないかもしれませんが、だからこそ日常の中に意識して「変化の種」を見つけ出してみる。

なんでもないと思っている日々が、実は奇跡の積み重ねなのですから。

48

水流元入海月落不離天

水流《みずなが》れて元海《もとうみ》に入《い》り、月落《つきお》ちて天《てん》を離《はな》れず

人の命、思いは
生き続ける

死んだら命はどうなるのでしょうか。消えてなくなるのでしょうか。

禅宗の葬儀では、亡くなった方へ「迷わず逝《ゆ》けよ」という最後の説法のような独特の作法「引導」（18ページ参照）があるのですが、そこでよく使う禅語があります。

「水流元入海月落不離天」

意味は字のまま。水は流れて海に帰り、月が落ちて天を離れることはない。つまり、川は海に流れ込んだら、蒸発して雲になり、それが山に雨を降らせてまた川となります。朝になって太陽が出たら、月は見えないからといってなくなったわけではありません。**私たちの命も、死んだらなくなるというのは思い込み**です。

私の両親はすでに他界しているので、たしかに姿はないし、声は聞こえなくなりました。しかし、消えてなくなってしまったわけではありません。私の中に生きている、と言えば大げさですが、間違いなく、思いとして生きています。そう考えると、見えなくても、人は死んでも「生き続ける」のです。生きている人間は、その思いに気づく心が大切です。

言葉や行動など目に見えるものではない、表に出ない部分が人間にはたくさんあります。極端なことを言うと、夢の中で悟ったという老師様もいらっしゃいます。あるいは、私たちでも、夢の中で怒った、泣いた、笑った、反省したとか。すごく鮮明に見えていたのに、起きた瞬間に全部忘れることもありますよね。最初から最後まで、全部ストーリーとしてつながっていない断片的な夢を見ることもあります。

変な夢を見るということは、深層心理に何かあるのかもしれません。自分でも気づかない願いや思いなど、いろいろなものが夢に現われている可能性があります。人間の内面は底知れないものです。

まずは「目に見えないからといって、ないわけではない」と気づくこと。自覚できないだけで、自身の心の中にさまざまな思いがあることを忘れてはいけません。

◎「心の区切り」のつけ方

仏教では「八識《はっしき》」という八つの意識作用があると考えます。六根《ろっこん》とされる「眼・耳・鼻・舌・身・意」に加え、さらに、自我に執着する意識の「末那識《まなしき》」、すべての意識の根本である「阿頼耶識《あらやしき》」です。「阿頼耶識」は「蔵識《ぞうしき》」とも訳され、自分でも気づかない心、深層心理からすべてのものが出てくるという意味での蔵を示唆しています。

この深層心理について、私の父の師匠、昭和の傑僧と言われた山本玄峰《げんぽう》老師はこうおっしゃっていたそうです。

「夜寝る時に必ず、その一日のことを反省しなさい」

今日一日何があったか、どんな人に会ったかを思い出して、

「あの人にこんなことをしてしまった」

「こんなことを言ってしまった」

「こう思ってしまった」

と自省するのです。たとえ、それを面と向かって謝れなかったにせよ、

「自分の行動と思いを振り返って反省することが大切ですよ」

と諭されています。

こうすることで、一度、自分の中に「区切り」をつけることができます。表面に表われてこなかった自分自身の思いに気づくことができれば、心の中の見えない部分を整理させることができる。自省によって落ち着いた心で「今日」という一日を終えることができるし、「明日」という日を清々しく迎えられるのです。

49

心随万境転転処実能幽

心《こころ》は万境《ばんきょう》に随《したが》って転《てん》ず、転《てん》ずる処実《ところじつ》に能《よ》く幽《ゆう》なり

流れる
「水のような心」でありたい

人の心には、次から次に、その時々の状況に応じてさまざまな思いがわいてきます。自分の意思ではなかなか止めようもない。

そんないつでも変化をしていく執着のない心を表現したのが、『臨済録』の中に出てくる、お釈迦様から数えて二二代目のインドの摩拏羅《まぬら》尊者の言葉です。

・心は万境に随って転ず（人の心は環境や状況によって、たえずくるくると変化していきます）

・転ずる処実に能く幽なり（そのことに執着しなければ、幽玄な心境にあると言えるでしょう）

・流れに随って性《しょう》を認得すれば（何ものにもとどまることなく変化するものに対応し、本性を得られれば）

・喜びも無く亦《また》憂いも無し（喜びにも悲しみにも動ずることなく、心になんの執着もとどめません）

心が転ずる、変化することができなかったら大変です。私たちはその思いにとらわれて、凝り固まってしまいます。緊張すると、うまく話せなくなったり体がこわばったりするように、心も自由に動かなくなってしまうのです。たとえば、恨み、つらみに固執すると、ずっと負の感情が続くわけですから、幸せにはなり得ません。

人の心を水にたとえると、水の形のうちはいいのですが、それが固まって氷になってしまったら、動きは不自由になってしまいます。

もちろん、一度凍ってしまっても、あわてる必要はありません。もとは水なのですから、溶かせばいいだけです。**凝り固まった心は自分自身で溶かせます。**呼吸法も一つの手段だし、坐禅をするという方法もあります。

「朝令昼改」のすすめ!?

前述の私の父の師匠・山本玄峰老師は、朝に言ったことが昼には変わっていることがしょっちゅうあったそうです。そこで父が、

「老師、言うことがそんなに変わったら、みんなが困ります。朝令暮改という言葉がありますが、老師は朝令暮改じゃなくて朝令昼改です」

と言うと、老師は、

「時々刻々とね、環境が変わっているんだから、変わるのは当たり前だ」

とお答えになったといいます。

心は自由自在に変わっていけるからこそいいのであって、まずは固まらないことが肝心。「女心と秋の空」などと言いますが、男だって朝から晩まで変わっています。「かわいいな」と思う時もあれば、「かわいさ余って憎さ百倍」という時もあるのです。

ただ、経験や年齢を重ねると、つい、頑なになりがちだとは言えるでしょう。いくつかある自分の〝パターン〟のどれかに入れたくなってしまう。それだと楽ができるからです。新しいことはまた一から学ばないといけないので、面倒臭くなってしまうのです。

しかし、変化の早い現代においては、今という時に柔軟に対応できる心構えが必要でしょう……と言いながら、私はいまだにガラパゴス携帯を使っているのですが。

ともあれ、心を鏡とすると、目の前に映ったものだけを鏡に映していたら、現実に合わせて自然に変化するはずです。逆に、映さなければ何もかも消えてなくなる。

そんなイメージで、要らぬ残像をためこまないようにすることが大切ですし、もしたまったら、あっさりと捨て去る勇気が必要です。

50

坐水月道場

水月《すいげつ》の道場《どうじょう》に坐《ざ》す

最後は「自身の心」に帰する

どう生きるのか、逆に、どう生きないのか——。

私たちが厳しい現実と向き合い、自分らしく生きるために、これまでさまざまな禅語を通して、心の大切さをお話ししてきたつもりです。

その締めくくりとして、最後にぜひお伝えしたい禅語があります。

「坐水月道場」——さざ波が立っている心を落ち着け、月がきれいに映る、透き通った水のような心にしていく重要さを説いたものです。

「水月」とは水に映った月。水は私たちの心のことで、月は悟りを表わしています。水が澄みさえすれば、おのずとそこには月が映るのです。

自分の心が澄んでいれば、そこに悟りというものが自然と表われてきます。私たちは心を澄んだ状態にするために、自分の本質と向き合い、修行を重ねるのです。

「道場」が、剣術や柔道の道場のような「場所」ではないことは、「直心是道場」（114ページ参照）のところでお話ししました。

〝無心〟という心持ちになれば、どこでも道場になります。

逆に〝無心〟でなければ、たとえ修行道場で坐禅していたとしても、坐禅をしていたとは言えません。

○忘れられない老師の言葉

禅では自分の心を、自身で調えていくことに集中します。大切なのは、まず自分自身をきちんとすること。心も仕事も、人間性もすべてです。

自分のことをおろそかにして何もわかっていないのに、人を世話してもしようがありません。家族が食べることもままならない時に、ボランティアにばかり精を出す人をほめられるでしょうか。本人は、

「自分はこんなにいいことをやっている」

と言っているかもしれませんが、目の前でひもじい思いをしている妻や子どもはどうするのか。

ボランティアと言えば、阪神淡路大震災が起こった時、私は修行中の身でした。その時は「接心」という修行強化期間です。修行僧たちからは、「私たちもボランティアに行くべきではないか」という声が挙がりました。これに対して老師は、

「お前さんたちは坐禅することがボランティアだ。なんの経験もないお前さんたちが

行って何ができる。それよりも、ここで一所懸命坐禅をすることが、被災者のみなさんのためにもなるのだ」

とおっしゃったのです。忘れられない言葉です。

自分のことを放り出してでも他人に尽くす、その生き方を決して悪いとは言いません。しかし、どんな行ないも自分の心がきちんとしてないと、やはり無に帰してしまいます。

他人や世間がどうこうではないのです。何か目新しいこと、特別なことをせずともいいのです。

自分自身の心を調えること。

日々の中でほんのひと時でもいい。心を落ち着けて自分自身と向き合うことができれば、きっと今まで見えなかった、気づくことができなかった「生き方の軸」が、おのずと養われていくことでしょう。

（了）

本書は、本文庫のために書き下ろされたものです。

平井正修（ひらい・しょうしゅう）

臨済宗国泰寺派全生庵住職。

1967年東京生まれ。1990年学習院大学法学部政治学科を卒業後、2001年まで静岡県三島市龍澤寺専門道場にて修行。2002年より現職。

2016年より日本大学危機管理学部客員教授として坐禅の指導などを行なう。

坐禅会や企業研修、講演会などで、禅の教えを通じて、人生や仕事との向き合い方、心身の調整法についてわかりやすく説く。

全生庵は、江戸城無血開城の陰の功労者である山岡鉄舟が、幕末・明治維新の際に国事に殉じた人々の菩提を弔うために建立。中曽根康弘氏や安倍晋三氏など歴代首相も参禅することで知られる。

主な著書に、『心がみるみる晴れる　坐禅のすすめ』『花のように、生きる。』『「見えないもの」を大切に生きる。』（幻冬舎）、『力まない』（サンマーク出版）、『三つの毒を捨てなさい』（KADOKAWA）などがある。

知的生きかた文庫

男《おとこ》の禅語《ぜんご》

著　者　平井正修《ひらいしょうしゅう》
発行者　押鐘太陽
発行所　株式会社三笠書房
〒一〇二-〇〇七二　東京都千代田区飯田橋三-三-一
電話〇三-五二二六-五七三四〈営業部〉
　〇三-五二二六-五七三一〈編集部〉
http://www.mikasashobo.co.jp
印刷　誠宏印刷
製本　若林製本工場

ISBN978-4-8379-8412-2 C0130

C40066